# 大数据时代下的财务会计发展探究

禹淑凤◎著

吉林出版集团股份有限公司
全国百佳图书出版单位

图书在版编目（CIP）数据

大数据时代下的财务会计发展探究 / 禹淑凤著 . --
长春 : 吉林出版集团股份有限公司, 2024.4
ISBN 978-7-5731-5123-0

Ⅰ.①大… Ⅱ.①禹… Ⅲ.①财务会计－研究 Ⅳ.
① F234.4

中国国家版本馆 CIP 数据核字 (2024) 第 111081 号

## 大数据时代下的财务会计发展探究
DASHUJU SHIDAI XIA DE CAIWU KUAIJI FAZHAN TANJIU

| 著　　者 | 禹淑凤 |
| --- | --- |
| 责任编辑 | 李婷婷 |
| 封面设计 | 张　肖 |
| 开　　本 | 710mm×1000mm　　1/16 |
| 字　　数 | 190 千 |
| 印　　张 | 11.25 |
| 版　　次 | 2025 年 1 月第 1 版 |
| 印　　次 | 2025 年 1 月第 1 次印刷 |
| 印　　刷 | 天津和萱印刷有限公司 |

| 出　　版 | 吉林出版集团股份有限公司 |
| --- | --- |
| 发　　行 | 吉林出版集团股份有限公司 |
| 地　　址 | 吉林省长春市福祉大路 5788 号 |
| 邮　　编 | 130000 |
| 电　　话 | 0431-81629968 |
| 邮　　箱 | 11915286@qq.com |
| 书　　号 | ISBN 978-7-5731-5123-0 |
| 定　　价 | 72.00 元 |

版权所有　翻印必究

# 前　言

伴随着大数据、云计算和互联网等信息技术的出现和发展，社会媒体和虚拟服务已经深入经济、生活和社会的各个领域。与此同时，海量的数据以空前的速度增长，世界正加速进入大数据时代。在《大数据时代：生活、工作与思维的大变革》中，维克托·迈尔-舍恩伯格说："数据已经成为一种商业资本、一项重要的经济投入，可以创造新的经济利益。事实上，一旦思维转变过来，数据就能够被巧妙地用来激发新产品和新型服务。"在"经济新常态"背景下，大数据作为创新的引擎与动力，促进了中国企业的技术研发体系、管理模式与商业模式的创新与发展，促进了跨领域与跨行业的数据整合与协作创新。目前，许多企业面临着一个亟待解决的问题，那就是如何从这些大数据中挖掘出有价值的信息，使这些大数据能够"说话"，便于企业的管理人员作出正确的决策。

现在是信息时代，云计算发展迅速，大数据的出现引起了人们的关注。与云计算一样，大数据也是从信息中诞生的，随着移动互联网、物联网、社交网络的兴起而发展。

伴随着科学技术的飞速发展，信息技术在各个行业中得到了越来越多的运用，随着财务会计管理体系的不断完善，财务会计在企业的运营管理中变得越来越重要。企业可以利用财务会计工作来完成对各项经济活动的核算和监督，并为企业的运营和管理工作提供支撑。在企业经营过程中，相关人员充分利用好财务会计功能，将有助于企业的稳健发展。财务会计方面的研究水平决定了企业健康发展的水平，如果企业对财务会计重视不足，则会造成企业的经济损失。在大数据和市场经济条件下，企业财务会计工作也要不断创新，为企业经营管理提供有力支持。

本书共分六章。第一章为大数据时代与财务会计，共三节，分别为大数据时代来临、财务会计概述、大数据时代对财务会计的影响。第二章为大数据时代财会信息系统开发，共三节，分别为大数据时代财会信息系统概述、大数据时代财会信息系统设计、大数据时代财会信息系统实施。第三章为大数据时代财务会计内部控制创新，共三节，分别为财务会计内部控制概述、财务会计内部控制制度建设、大数据时代财务会计内部控制的创新路径。第四章为大数据时代现金管理创新，共三节，分别为现金管理概述、现金流管理、大数据时代现金管理的创新路径。第五章为大数据时代网络财务管理创新，共两节，分别为网络财务管理概述、大数据时代网络财务管理的创新路径。第六章为大数据时代财务会计的未来和方向，依次介绍了大数据与财务会计的融合发展、财务会计的发展趋势、财务会计人才的培养三方面的内容。

  在撰写本书的过程中，作者得到了许多专家学者的帮助和指导，参考了大量的学术文献，在此表示真诚的感谢！由于作者水平有限，加之时间仓促，本书难免存在一些疏漏，在此，恳请同行专家和读者朋友批评指正！

禹淑凤<br>2023 年 3 月

# 目录

第一章　大数据时代与财务会计 ·················································· 1
　　第一节　大数据时代来临 ···················································· 1
　　第二节　财务会计概述 ······················································ 10
　　第三节　大数据时代对财务会计的影响 ······························ 19

第二章　大数据时代财会信息系统开发 ········································ 29
　　第一节　大数据时代财会信息系统概述 ······························ 29
　　第二节　大数据时代财会信息系统设计 ······························ 36
　　第三节　大数据时代财会信息系统实施 ······························ 62

第三章　大数据时代财务会计内部控制创新 ································ 69
　　第一节　财务会计内部控制概述 ········································ 69
　　第二节　财务会计内部控制制度建设 ································· 82
　　第三节　大数据时代财务会计内部控制的创新路径 ············· 92

第四章　大数据时代现金管理创新 ············································ 105
　　第一节　现金管理概述 ··················································· 105
　　第二节　现金流管理 ······················································ 126
　　第三节　大数据时代现金管理的创新路径 ························· 147

## 第五章　大数据时代网络财务管理创新 ·········· 149
### 第一节　网络财务管理概述 ·········· 149
### 第二节　大数据时代网络财务管理的创新路径 ·········· 151

## 第六章　大数据时代财务会计的未来和方向 ·········· 155
### 第一节　大数据与财务会计的融合发展 ·········· 155
### 第二节　财务会计的发展趋势 ·········· 162
### 第三节　财务会计人才的培养 ·········· 163

## 参考文献 ·········· 173

# 第一章 大数据时代与财务会计

在大数据的背景下,企业要面对更加广泛的数据类型和更加完备的数据关联链条。大数据技术具有数据量大、类型多样、快速准确等突出特点,可为企业解决传统 Excel 软件无法解决的数据处理问题。本章内容为大数据时代与财务会计,共三节,分别为大数据时代来临、财务会计概述、大数据时代对财务会计的影响。

## 第一节 大数据时代来临

数据管理是指通过计算机软硬件技术,有效地收集、存储、处理和应用数据的过程,它的目标是使数据充分有效地发挥功能。数据管理技术的发展经历了四个阶段,即人工管理阶段、文件系统阶段、数据库阶段、面向应用的数据管理阶段。大数据技术可以说是一种技术变革,大数据技术代表着人类社会从信息时代和知识时代迅速进入了智能时代。智能时代的特点是:无处不在的计算机和网络通过自动化的决策,为人类提供服务;管理将更加精细、智能;人与人之间的协作、任务与任务之间的衔接将更加精确,国家与社会的运作费用将进一步降低。

大数据通常是一组不能被现有的信息技术、软件和设备所感知、获取、管理、处理和服务的数据合集。大数据是"海量数据""大规模数据"等一系列概念的总称,在数据量、数据复杂度、数据生成速度、数据潜力等多个维度上都超越了常规数据形式,是当前技术所难以处理的,这为企业提供了极大的发展空间。

第一个指出"大数据时代"即将来临的是麦肯锡咨询公司。在一份名为《大数据:创新、竞争和提高生产力的下一个前沿》的研究中提出了数据已深入各个产业、各个企业，并逐步成为企业重要的生产要素，而且，人类对大数据的利用，也会带来新一波的生产率提高和消费过剩。舍恩伯格曾表示数据是这个世界的基本属性，而大数据将会带来一个巨大的时代变革。在舍恩伯格的《大数据时代：生活、工作与思维的大变革》一书的代序中，著名的信息技术评论家谢文认为，"大数据"之所以被称为"时代"，是因为它是一种广泛的社会活动，大数据的每个层面都有可能对社会产生巨大的影响。

进入大数据时代，人们的生产、经营、生活等行为，甚至是一切事物的变化，都会在生活中留下数据的踪迹。更重要的是，现在的云计算技术能够方便、高效地存储这些海量、高速、多变的数据，并能够在任何时候对数据进行分析和计算。这样，所有的个人和组织都会加入到数据的生产、共享和应用中来。大数据技术将与公路、铁路、水电、通信等工具一样，逐步融入人类生活的各个领域。

通常，大数据是规模巨大、结构复杂、快速增加、低价值、利用已有的软件很难在短期内对其进行有效处理的一类数据。大数据时代的到来，不仅给人类带来了利用数据的挑战，也带来了获取更加深刻和全面信息的机会。在实际生活中，大数据技术被用作一种对市场进行分析和预测的手段，并被认为具有潜在的经济价值。实际上，大数据不仅具有"大规模+复杂"的特性，而且还具有很高的分析应用价值。按照其产生的来源，大数据有两种类型：科学数据和社会数据。当前，研究的焦点集中在社会数据上。大数据为中国经济发展提供了新的契机，要想从根本上破解发展转型带来的深层次矛盾，就必须把握好"新模式"这个核心要素。在未来，大数据将带来庞大的需求增长，有助于构建智能城市，加强组织与个人的连接，推动整个社会的发展。大数据产业将会成为新的经济增长点，而数据业务的主营化也会给各个行业带来巨大的变革和提升。利用信息生产力与先进生产方式来推动发展方式和经济运作机制的转型，能够对消费进行导向和刺激，进而引起行业的重大变化。2015年8月31日，《促进大数据发展行动纲要》（国发〔2015〕50号）的出台，意味着大数据的开发与应用有了一套系统的顶层设计。大数据正作为一种新型的驱动力量，对人类的劳动与劳动关系产生深远的影响。

## 一、大数据及大数据产业

### （一）大数据的含义及特点

1. 数据的演变

数据的演变并非一种形式的替代，而是一种形式的演化，从简单到复杂，不同形式之间的相互包容和演化。数据的发展可分成三个阶段：第一个阶段是数据的生成。以数据为主要测量手段并结合技术，使数据的准确性与实践性得到最大程度的发挥。第二个阶段是科学数据的产生。在此期间，数据除了用作测量的手段，还变成了认知事物的基本和依据，并与自然哲学的研究方法相融合，使得量化的研究逐渐变成自然科学的一种基本研究模式。第三个阶段是大数据的产生。在这个时期，大数据已经变成一种非常关键的社会资源，并且对整个社会的发展产生了巨大的作用。大数据将为社会科学提供量化的研究方法，实现数据与社会科学的结合，以数据为基础的社会管理和服务就会应运而生。

2. 大数据的含义

在大数据的概念中，数据指的是具有可追踪、可分析、可量化特征的数据，如何挖掘、分析这些数据，如何根据这些数据来作出决策，如何利用这些数据来提升自己的竞争力，这些都是大数据行业需要解决的问题。大数据价值链的三个构成部分是基于数据本身的公司、基于技能的公司和基于思维的公司。麦肯锡认为，大数据是一组数据，其规模远远超过一般的数据库软件所能处理的范围。这一概念有两层意思：第一，满足大数据要求的数据规模是动态的，并且随着时间和技术的进步而不断增加；第二，在满足大数据要求的行业中，各行业所能提供的数据规模将有所差异。大数据的实质是完全消除了不同利益关系者间的不对称性，使得不同利益关系者间的联系更加高效。大数据正在逐步变成企业的一项重要资产，尽管目前还没有在企业的财务报表中体现出来，但这只是时间问题。

3. 大数据的特点

现在的主流意见是根据大数据的特性来解释它的含义，如 D. 莱尼（D.Laney）把它归结为"3Vs"，即海量（Volume）、快速（Velocity）和多样（Variety）。海量是指现在是一个信息大爆发的年代，不管是网络还是现实，都让人们对信息的获取范围和深度有了极大的扩展。快速就是指企业能够在短时间内获得、分析和利用新的信息，即大数据的生成和分析需要跟得上大数据的发展。多样是指大数据的来源和形式具有多样性，大数据可以被划分成结构化、半结构化和非结构化数据，这些数据的来源包括社交网络、移动设备、传感器等。

在未来，企业的运营也将从以往的业务驱动转变为大数据驱动的运营管理。还有人把大数据的特性用"4Vs"来描述，即除了上述三个特性之外，还有一个价值巨大（Value）的特性，也就是将大数据技术应用于商务领域，对具有较高价值密度的大量数据进行数据挖掘与分析，以获得更多的经济价值。

### （二）大数据产业的概念、分类及特点

#### 1. 大数据产业概念

在广义上，大数据产业是指信息产业。其业务包括：与数据有关的服务的硬件制造、软件研发、软硬件相结合的网络工程建设、数据采集加工以及相关数据服务，狭义上的大数据产业是指数据采集、加工和相关服务业。大数据产业主要是将海量数据收集、加工、处理、转化为客户所需数据的产业。

#### 2. 大数据产业分类

关于大数据产业的划分，到现在为止还没有一个统一的标准，根据各个方面的差异，大致有几种分法：

（1）二分法

根据对大数据的掌握程度，将其划分为大数据产业和大数据的衍生产业。大数据产业是指由自身生产数据，或者是获得数据的存储、分析、应用类产业。大数据衍生产业主要指的是从事大数据产业所需要的基础设施和技术支持类产业。

（2）三分法

以大数据产业的营销模型为基础，将其划分为以下三种类型：

①数据内容业，是一种以信息为主体的产业，与社会的所有行业都有联系，是一个从事数据的存储、采集、加工、传播等基本数据服务的产业，如档案室、情报部门、各大数据中心等。

②数据服务业，是一种利用专门的技术，为客户提出战略，来帮助客户解决问题的服务产业。例如，对数据和数据库进行咨询，对数据库进行建立和升级，

对系统进行创建和升级，对增值网络进行服务等。

③数据软件及硬件产业，是研究及制造与数据有关的基本硬件和软件的产业。

（3）五分法

根据产业价值模式，将其划分为：大数据的内生、外生、寄生、产品、云服务等。

3. 大数据产业的具体特点

（1）产业数据资产化

随着大数据的发展，大数据已经深入各个行业，并逐步转化为企业的财富，成为推动大数据产业发展的关键因素。能够自己生产数据的网络公司拥有着独特的优势，能够充分发挥自己丰富的数据资源，发掘出其中的潜力，并对用户的信息行为进行深入的了解，从而促进产业通过使用数据来实现精确和个性化的生产、营销及盈利模式。

（2）产业技术的高创新性

大数据的发展离不开创新。在大量的数据面前，企业应高效地获取数据、存储数据、整合数据，为客户提供更好的服务。这就要求对大数据的产业技术进行持续的变革，具体来说，就是变革和创新大数据去冗降噪技术、高效率低成本的大数据存储与有效融合技术、非结构化和半结构化数据的高效处理技术、适用于不同行业的大数据挖掘分析工具和开发环境、大幅度降低数据处理、存储和通信能耗等技术，从而为用户提供高效、高质量、个性化的服务。

（3）产业决策智能化

大数据产业是促进企业智能决策的重要力量。产业要发展自身的智能化决策，然后，为行业提供智能决策的数据、技术和管理平台。伴随着大数据的快速发展，基于分布式计算的大数据正促使企业的生产组织朝着中心化、扁平化、自组织和自协调的方向演进，加速了劳动力和资本的融合，同时也大大降低了决策人的有限理性，使决策更加智能化和科学化。

（4）产业服务个性化

美国一家咨询公司的一项研究表明，与没开展大数据分析的企业相比，将数据输入并进行分析的企业业务增长了49%，而将可量化的个性化应用于网上销售的企业业务增长了19%。因此，以数据分析为基础的大数据产业是实现用户个性化决策的一个关键手段。这些产业可以根据客户的利益和喜好以及客户的个人需要，进行个性化定制和云推荐，从而提高产品的服务品质，最终获得更高的经济效益。

## 二、大数据的发展

"大数据"是一个相对抽象的概念，到现在为止，对"大数据"的界定并不一致。舍恩伯格作为"大数据商业应用第一人"，认为大数据的"大"，并不是指数据本身绝对量大，而是指处理数据所使用的模式"大"[1]；尽量收集全面、完整和合成数据，并运用数学方法对其进行分析和建模，挖掘其中的联系，进而对事件背后发生的概率进行预测。我国著名的资讯管理学家涂子沛，在他的著作《大数据》中，阐述了摩尔定律、云计算、数据挖掘、普适计算、社会媒介等因素对大数据产生的影响。他指出，大数据的"大"只是一种空洞的说法，人们能够从这些数据中挖掘出更多的潜在价值。

"大数据"这个词经常被用来指代"海量数据"和"超大规模数据"，它的含义远远超过了数据的常规形式，也超过了当前技术方法所能处理的极限。

美国知名的预言家阿尔温·托夫勒曾经作出过这样的预测："如果说IBM（International Business Machines Corporation，国际商业机器公司）的主机拉开了信息化革命的大幕，那么大数据则是第三次浪潮的华彩乐章。"[2] 近年来，随着博客、微博、微信、社交网络、云计算和物联网等技术的不断发展，大量的非结构化数据如文本信息、图片、音频和视频等呈现出来，这些数据以史无前例的速度迅速增长，并且其内涵和属性也在根本上改变，这标志着大数据时代的到来。

麦肯锡（McKinsey）是第一家提出"大数据时代"来临的咨询公司。它指出，在如今的社会中，数据已经渗透到了每个行业和业务职能的各个方面，并逐渐变成一种重要的生产要素，而人们对这些大量数据的发掘与利用，也将会带来新一轮的生产力增长和消费者过剩的浪潮。2008年，Nature（《自然》）杂志出版了专刊Big Data（"大数据"），对大数据的潜力和挑战进行了较为全面的阐述，使得大数据真正走上了科学的舞台，并逐渐成为多学科领域的热门课题。Science（"科学"）

---

[1] 何建华.大数据对企业战略决策的影响分析[J].当代经济管理，2014，36（10）：13-17.
[2] 阿尔温·托夫勒.第三次浪潮[M].朱志焱，潘琪，译.北京：北京三联书店，1983.

杂志于 2011 年出版了名为 Dealing with Data（"数据处理"）的专刊，强调了大数据在科研中的作用。同年，美国几位著名的数据治理专家、学者共同发表了名为 Challenges and Opportunities with Big Data（《大数据带来的挑战和机遇》）的白皮书，对大数据的生成、加工过程进行了理论上的梳理与剖析，并指出了大数据所带来的机遇与挑战。美国在 2012 年 3 月公布《大数据研究和发展倡议》，表示将投入两亿美金用于"大数据"的研发，将大数据视为一种"新的能源"，加快其在教育、科研、工程等领域的应用，同时还将加强其在数据收集、分析、提取等方面的应用。这也是美国自 1993 年公布的"信息高速公路计划"项目后，在信息科学领域作出的又一重要举措。美国、英国、德国、芬兰、澳大利亚等国家的研究者于 2012 年 4 月发起了"全球大数据周"活动，旨在推动各国政府对大数据采取战略性举措。日本在 2012 年 7 月发布了"新 ICT（通信产业）战略研究计划"，将"大数据"作为该项目的核心内容。

在经济领域，2012 年 1 月，达沃斯世界经济论坛将大数据作为一个议题，并发表了一篇专题报道 "Big Data, Big Impact: New Possibilities for International Development"（《大数据、大影响：国际发展的新可能性》），旨在探讨怎样才能使大数据发挥其潜力，跨越鸿沟，从而更好地服务于中低收入群体及国家。"大数据"是 2013 年度最热门的科技名词，其行业规模也在这一年得到了快速发展，更多的企业纷纷采用了大数据技术，并在此基础上挖掘其潜在的业务价值。

2013 年 12 月 5 日到 6 日，最具影响力、最具规模的大数据行业会议"中国大数据技术大会"（Big Data Technology Conference，BDTC）在北京召开，这次会议将为政府和科技界与产业界紧密协作搭建一个全新的大数据交流平台，促进中国大数据产学研深度融合。

此外，在商业领域，沃尔玛（Walmart）、谷歌（Google）、亚马逊（Amazon）、国际商业机器公司（IBM）、Msc 软件公司（Msc.Software）、惠普（HP）、百度和阿里巴巴等公司都在争先恐后地抢夺大数据技术的市场。目前，大数据已经成为政府、科技和商业领域共同关心的焦点。

### 三、大数据在企业管理中的应用

如今，数据已经成为一种商业资本、一项重要的经济投入，可以创造新的经济利益。在企业经营中,伴随着大数据的不断涌现和全面发展,有关企业经营的理论与实践都出现了越来越多的重大变革。

(一)社会化的价值创造

随着大数据时代的到来,企业的产品制造和价值创造越来越多地呈现出社会化、公共化的趋势。在信息生成和传递的过程中,商家和客户之间的关系呈现出一种平等、互动的趋势。互联网使用者产生的大量信息,是互联网的一个主要资料源。与此同时,过去那种"闭门造车"的经营方式逐渐被抛弃,企业与网络用户之间建立了紧密的联系,积极地将互联网用户群体引入企业业务流程管理中的生产、创意、设计、市场推广、质量保证、销售和客户关系管理的重要环节中,并以互联网用户的交互反馈为基础进行产品的优化和创新,从而达到企业和互联网用户共同发展的目的。

(二)网络化的企业运作

企业运营及其生态越来越呈现出网络化、动态化的特征。现代企业的生产经营和商业决策主要依靠由社交媒体、网民群体、上游合作企业、下游合作企业和竞争者组成的"互联网生态圈",并逐步出现了纵向融合和横向融合两种新的发展趋势。在纵向融合中,大型的企业集团通过供应链将彼此连接在一起,分工合作,互利共生,向价值链和网络生态链过渡;在横向融合中,网络化商务模式改变了企业组织之间的竞争方式,这就使得在地域上异地分布上和在组织上平等独立的多个商业可以通过磋商发展紧密的协作关系,建立动态"虚拟企业"或者"企业联盟"是一种可以优化、动态整合和共享资源的新的组织模式。

(三)实时化的市场洞察

企业对了解的市场越来越精确。随着大数据的迅速累积,市场的机会也越来越多。在互联网环境中,一个公司可以在各种不同的渠道中对客户进行信息收集,可以制定出具有高度精确性和高度可量化的市场战略。随着时间的推移,消费者的异质性也在逐渐增加,表现为消费者在购物、交友和阅读等生活中的各个方面都有不同的兴趣爱好。大数据为个性化商业应用提供了充足的养分和可持续发展的沃土。在交叉融合后的可流通性数据以及全息可见的消费者个体行为和偏好数据的基础上，企业能够针对每个消费者的不同利益和喜好，为其提供有针对性的服务和个性化产品。

#### 1. 有助于企业洞察消费行为

没有对客户行为倾向的研究，就无法造就一个成功的品牌。而在此基础上，以大数据为基础进行的市场调查与数据处理，则是理解消费行为的首要步骤。在大数据的背景下进行预测，摆脱了所谓的市场研究和随机抽样，它是以所有数据为基础，对海量数据进行整理和分析，从中找出能够促进企业迅速发展的预测模型，利用对客户信息和消费反馈展开挖掘和分析，来体现出客户对商品的真正看法，并从中获得客户对商品的众多需求和建设性意见。企业只有对客户的行为有了深刻的认识，并基于这种反馈，才能对产品进行再定位。

#### 2. 有助于企业发展潜在资源

在现实生活中，因为企业所拥有的资源十分有限，所以要对现有的资源进行有效的分配，才能充分利用现有的资源。所以，企业对原始资料进行精确把握，深度发掘其潜力是非常有意义的。大数据技术在挖掘隐藏信息和提取有用价值上具有独特的优势。我们将公司经营活动中所涉及的海量的原始数据经过前期的预处理，并以图形的方式呈现这些数据，进而运用大数据技术，发掘其中的潜力；或者先使用大数据技术对其进行分类和初步分析，之后再对得到的信息展开交叉验证分析，通过多层次的分析，将这些数据中的潜在商业价值发掘出来，从而达到对信息最大化利用。

#### 3. 有助于企业升级产品

大数据的核心是基于关联关系分析法的预测分析，可以对客户的海量消费数据进行分析和判断，从而精确地预测出客户的行为偏好以及行业的未来发展趋势，并以此为依据，不断完善公司的产品，迎合广大消费者的喜好。此外，企业还可以以市场前景和客户的喜好为依据，对产品进行初步的计划，并对各个过程中出现的不合理的地方进行改善或调整，为企业在经营过程中所面临的困难提出相应的对策，从而激发新的利润增长点。

## 第二节 财务会计概述

### 一、财务会计的概念与作用

#### （一）会计与财务会计的概念界定

1. 会计的概念

会计将货币作为最重要的度量单位，以凭证为基础，依靠专业的技术方法对主体的经济活动进行综合、全面、连续、系统的核算和监督的经济管理活动，能为相关各方提供会计信息。

在长期的历史进程中，会计的含义随着社会和经济的发展而逐渐加深。在人类社会发展初期，人们仅仅依靠大脑来对经济活动中的收入和支出进行记录。当今社会，人们的生活复杂、多变，单一的文字记录已经不能适应人们的需求，于是，就有了会计，会计可以对经济行为中的收入和费用进行详细的记载和核算。

经济发展越快，会计就越重要。随着生产方式的不断变化，会计的内容也在不断地充实。会计准则着重指出，为报告使用者作出科学决策，提供可靠、相关、真实、公允的会计信息是企业财务报告的目的。会计准则加强了向投资者和社会大众提供有益于决策的会计信息的新观念，对于进一步健全会计制度、规范会计行为、推动会计行业的良性发展具有十分重大的意义。

2. 财务会计的概念

会计按其报告对象的不同，有财务会计和管理会计之分。财务会计通常被称为"对外报告会计"，是现代会计学的一个分支。财务会计的工作重点是：向企业外部关系人提供企业的财务状况、经营成果和资金变化情况等相关的信息。所以，可以用以下方式来表达财务会计的概念：财务会计是在《中华人民共和国会计法》的规范下，核算并监控公司的各项经济业务，同时，为相关方提供公司的财务资料，从而提高公司的经营效率的一种管理活动。

## （二）财务会计的特点

### 1. 财务会计核算的特点

相对于其他信息服务，财务会计具有如下特征：

①财务会计是用货币作为计量单位，从价值的角度来反映各个单位的经营状况，其他指数和文本描述仅仅是附加内容。为了提高货币测量的有效性，扩展会计信息的产出，有时还采用其他测量方法，如实物数量、工时等。

②财务会计核算的是主体已经发生的、真实的经济活动。财务会计反映过去的经济事实，因此，在每次经济交易已经开始或结束之后，都应该制作一份书面的凭证，并经过审查，确保其真实、可靠，根据会计标准、会计规则和惯例处理，确保所提供的资料与标准相符。会计信息的这种特性使得后期的审核得以进行，同时，也使得会计信息的可信度被社会所认可。

③财务会计提供的信息是一种完整、连续、全面的信息。财务会计是对企业的所有经济事务进行反映，并不断地对这些经济事务进行记载，利用货币测量将大量零散且难懂的数据进行分类、汇总、整理，使之成为容易理解的资料，并反映企业的全部情况。

### 2. 财务会计监督的特点

与其他经济监督方式比较，会计监督具有以下特征：

①会计监督是与会计工作同步进行的，是一个连续的过程。会计对企业所发生的所有经济业务都要进行真实的记载和反映，并对企业与相关金融法律的关系进行检查，以便对各项经济行为进行全面的监督。

②会计监督是一项以金融业务为主体的、综合的、全面的监督。会计主要运用的是货币计量，利用资产、所有者权益、负债、收入、费用和利润等指标，对经济活动的过程和结果进行全面的反映，在整体上对企业的经济活动进行监督。

③会计监督是一种严格的、强制性的、受法律约束的监督方式，要按照国家有关经济法律、法规、纪律等规定对会计进行监督。会计法既规定了会计组织、会计人员具有会计监督权，又对监督者应承担的法律责任作出了规定。针对不真实、不合法的原始票据，会计机关或会计工作人员如果不进行监管，情节严重的

应对其进行行政处罚；造成国家财物重大损失，构成犯罪的，应当按照法律规定予以处理。

《中华人民共和国会计法》对会计监督的具体内容进行了界定，主要包括：

①确保会计数据的真实性和可靠性。会计机关和会计人员当发现账本与实际情况、款项和相关数据不符时，应根据国家统一会计制度的规定，对有权自行处置的，应该及时处置；对于没有处置权限的，要及时上报主管部门，要求调查原因，采取措施。

②对经营活动的合法性进行监督，主要有：是否依法设立账本，会计处理是否与会计法及国家现行会计制度相一致，会计人员是否具备执业资质。

③负责企业资产的安全与完整性的监督。会计人员、会计机构必须真实、全面地反映企业的经济业务，以确保企业资产的安全和完整。如果出现账目、账款不符合的情况，就必须找出原因，并作出相应的处理。

## 二、财务会计的目标

财务会计的目标是进行会计工作所要达到的目的，是指财务会计信息怎样来满足社会各方面的需求，应当与我国社会主义市场经济体制相匹配。2006年2月，我国《企业会计准则》的颁布，对会计报表的目标提出了更高的要求，即要向会计报表的用户提供相关的、真实的、可靠和公平的会计信息，以帮助他们作出正确的决策，加强了为投资者和社会公众提供对决策有帮助的会计信息的新概念，使其与国际惯例达到了一致，第一次建立起了一个相对完善的有机统一体系，并为完善国际财务报告准则提供了有益的参考，从而实现了我国企业会计准则建设新的突破和跨越。财务会计信息的使用者必须知道对国家进行宏观调控有帮助的信息，对投资者和债权人作出投资决策和信贷决策有帮助的信息，对企业内部管理者作出各种决策并强化内部控制有帮助的信息，所以，在这一阶段，财务会计的目的应为：

①财务会计必须为政府的宏观调控工作做准备。

②财务会计要为与企业有直接关系的团体、单位和个人提供进行全面分析的信息，从而对企业的经营状况有所帮助。

③财务会计对企业的内部运作和管理进行全面的了解和分析。

## 三、财务会计的职能

从财务会计理论上来说,财务会计的主要职能包括两个方面,即核算职能和监督职能,具体分析:

### (一)财务会计核算职能

财务会计的核算职能,主要是指在企业中,用来表述企业的经济行为,并对企业的价值进行界定。企业的管理者和决策者可以通过会计来了解企业的运营和管理状况。会计核算职能包含了很多方面的内容,但主要是算账、记账和报账,这也是整个会计工作的基础。

核算职能具有三个基本特点:

①在会计核算中,核算以货币作为主要的计量单位,从货币价值的角度来反映组织的经济活动情况。从这个意义上说,在会计工作中,只有货币才能作为计量单位,而不能使用其他计量单位。

②只对发生的事实进行论证,即只对会计核算日以前的事项处理,而没有出现过的事项则不能被会计处理。会计报告的成果可以用一定的方法加以证实,以确保会计报告的可靠性。

③会计核算具有连续性、完整性、系统性和综合性,换言之,要想全面地反映组织的经济活动,会计核算必须持续进行,核算项目之间应该构成一个系统。

### (二)财务会计监督职能

财务会计的监督职能,就是在财务会计核算的过程中,对企业经济活动的合法性、合理性和有效性展开一系列的检查,以保证企业的经营活动与企业的内部管理制度和相关的法规相一致。会计监督职能是财务会计工作中的一种重要功能,会计监督职能主要表现为三个方面:

①会计工作的持续性。财务会计的监督职能一般都是伴随着会计的监督职能而产生的,会计监督的范围涵盖了企业经营管理的各个方面。

②会计监督职能以财务核算中的各项价值指标为基础,对企业的经营状况进行全面的分析和评价。财务指标是开展监督的重要基础,可以比较客观地、综合地反映出组织的发展情况,以督促组织内部的各个部门严格地按照要求来完成工作。

③会计监督以法律法规、制度为基础，以强制、严厉为特征。可以说，会计监督既是法律赋予财务会计的一种职能，又是财务会计的一种义务。

## 四、财务会计的对象

财务会计的对象指的是财务会计所要反映和监督的内容，换言之，只要是特定对象可以用货币表示的经济活动，都是会计核算和监督的内容。而以货币表示的经济活动，一般又被称为价值运动或资金运动，财务会计着重于从价值角度反映和监督企业的生产经营活动。企业的经营行为主要包括筹资、资金使用、资金循环、资金流转、财务结果的分配等几个方面。在日常的生产经营活动中，财务会计所反映和监督的内容是多种多样的经济业务。因而，在实践中，人们通常将企业的各项经济行为或者资本的流动看作是企业财务会计的对象。

资金运动具体包含了各个特定对象的资金投入、资金运用、资金退出等过程，而具体到企业、事业、行政单位又存在着很大的不同。工业、农业、商业、交通运输业、建筑业和金融业等领域的不同企业也都在资金运动方面有所不同。

工业企业是一种以营利为目的的经济团体，主要从事工业品的生产行业营销。企业要想进行产品的制造和营销，就需要有一定数量的资金，这笔资金可以用来建造厂房、购买机器设备、购买原材料、支付职工工资、支付经营管理中所需要的费用等；在所生产出来的商品出售之后，所回收的款项也要用来补偿在制造过程中的垫付资金、偿还相关债务、上缴相关税费等。从这可以看出，在工业企业中，资金运动包括资金的投入、资金的循环、周转（生产过程、供应过程、销售过程）和资金的退出等方面。在一定时期内，这既有明显的运动状态（表现为费用、收入、利润等），也有一定的相对静态状态（表现为资产同债务及所有者权益的衡等关系）。

资金的投入包含两个方面，一方面是企业所有者投资的资金，另一方面是债权人投资的资金，前者属于企业所有者的权益，后者属于企业债权人的权益。投资于企业的资本中，有一部分是流动资产，还有一部分是非流动资产。

资金的循环和周转可以分为三个阶段：供应、生产、销售。在供应环节中，企业如果要购买原材料等，就会产生材料买价、运输费、装卸费等材料采购费用，并与供给单位产生款项的结算关系。在生产的过程中，劳动者利用劳动手段将劳动对象加工成特定的产品，从而产生了固定资产磨损的折旧费、原材料消耗的材料费、生产工人劳动耗费的人工费等。此外，资金的循环和周转还会体现在结算工人的工资及企业之间的劳务结算上。在销售的过程中，销售所生产的产品需要进行支付销售费用、缴纳税金、收回货款等业务活动，与购货单位发生货款结算关系、与税务机关发生税务结算关系等。企业从销售中取得收益，收益减去各种开支和成本就得到了利润，利润要向股东们分配。

资金的退出具体包含了上缴各项税金、偿还各种债务、向所有者分配利润等内容，让这一部分的资金从本企业的资金循环和流转中退出。

上面所说的三个阶段，是互相支持、互相制约的统一。如果没有资金的投入，就没有资金的循环和流转；如果没有资金的循环和流转，就没有债务的偿还、税收的缴纳、利益的分配等。而在理论上，如果没有这些资金的退出，也就没有新的资金投入，更谈不上企业的发展。

### 五、会计要素与会计等式

会计要素是指会计对象组成部分的具体表现，构成了一个会计信息系统的基础类别和一个会计报告的基础架构。

资金运动包括资金的投入、资金的循环和周转、资金的退出三个方面。资金的投入是企业资产的总和。债权人对其所投资的财产有要求偿还的权利，即所谓的债权人权益，以企业负债的形式出现；所有者对企业净资产（资产与债务之差）的所有权，就是所谓的所有者权益。在进行了一段时间的运营之后，企业的各种资产将会产生一定的损耗，生产出特定种类和数量的产品，在将这些产品出售之后，可以得到货币收入，在实现了收支相抵之后，才会确定出当期的损益，从而分离出费用、收入和利润三项资金运动显著变动状态的会计要素。负债、资产和所有者权益组成了资产负债表的基本框架，收入、费用和利润组成了利润表的基本框架，所以，这六项会计要素又被称为会计报表要素。

#### （一）反映财务状况的会计要素

财务状况指的是特定日期内的资产和权益情况，是在资金运动处于相对静态的时候的一种体现。反映企业财务状况的会计要素包括资产、负债、所有者权益。

1. 资产

资产是指由企业拥有或者控制的、企业过去的交易或者事项形成的、预期会给企业带过来经济利益的资源。企业过去的交易或事项，包括购买行为、生产行为、企业建设行为以及其他。预计将来会出现的业务或事项不会成为资产。资产由企业拥有或者控制，意味着企业可以享受到资源的所有权，或者尽管企业不能享受到资源的所有权，但是，这种资源是可以由企业来掌控的。

资产包括各种的债权、财产和其他权利。资产被划分为流动资产、长期投资、固定资产、无形资产和其他资产。流动资产指的是能够在一年或者超过一年的一个营业周期内变现或者耗用的资产，具体包括应收及预付款项、交易性金融资产、现金及各种存款、存货等。长期投资包括股票、债券、其他投资，是指不打算在一年之内变现的投资。固定资产是一种具有一年以上的使用年限，单位价值高于某一特定的标准，并且在使用时能够维持其原有的物质形态的资产，包括房屋及建筑物、运输设备、机器设备、工具器具等。无形资产是一种以非实物形式存在于企业中的财产，包括专利权、非专利技术、商标、版权、土地使用权、商誉等。其他资产是指不属于以上所列的资产，包括不应完全纳入当期损益，而是要在以后年度内进行分期摊销的开办费、长期待摊费用等。

2. 负债

负债是由企业过往的交易或事项所产生的，预计将导致企业经济利益外流的现时义务。现时义务是企业在当前情况下所承担的义务。负债可分成两类：一类是流动债务，另一类是非流动债务。流动负债指的是在一年或者超过一年的一个营业周期内偿还的债务，包括应付利润、应付票据、预收货款、应付工资、短期借款、应付账款、应交税费、其他应付款、预提费用等。非流动负债是指偿还期在一年或者超过一年的一个营业周期以上的债务，包括长期借款、应付债券、长期应付款等。

3. 所有者权益

所有者权益是企业的资产减去负债之后属于所有者的剩余权益。企业的所有者权益也称为股东权益。所有者权益的来源主要包括所有者投入的资本、直接计入所有者权益的利得与损失、留存收益等。

## （二）反映经营成果的会计要素

经营成果指的是企业在一个特定的时间段内所进行的生产经营活动获得的最后成果，是资金运动变动状况的重要反映。反映企业经营成果的会计要素主要有三个方面：收入、费用、利润。

1. 收入

收入指的是企业在日常活动中产生的、会使所有者权益增加的、与所有者投入的资本没有任何关系的经济利益的总流入。收入是企业在日常经营活动中，通过销售商品、提供劳务和让渡资产使用权等方式，所产生的经济利益的流入。在这当中，销售商品的收入主要是指取得货币资产方式的商品销售，还有在正常情况下的以商品抵偿债务的交易等；提供劳务的收入主要包括通过提供各类劳务服务获得的收入；让渡资产使用权具体包含因他人使用本企业现金而收取的利息收入、因他人使用本企业的无形资产等而产生的使用费收入，还有他人使用本企业的固定资产所获得的租金收入，因债权投资获得的利息收入及进行股权投资取得的股利收入等。

2. 费用

费用是企业在经营过程中所产生的、与所有者利润分配不相关的、会使所有者权益减少的经济利益的总流出。企业提供劳务、生产产品等而产生的可属于产品成本、劳务成本等的费用，应该在对产品销售收入、劳务收入等进行确认的时候，将已销售产品、已提供劳务的成本等计入当期损益中。如果企业所发生的支出没有带来任何的效益，或者虽然带来了效益，但是它并不符合资产确认条件的，那么就应该在发生时确认为费用，并将其计入当期损益。企业因交易或其他事项而产生的一种负债，如果该负债未被确定为一种资产，则应在发生时确认为费用，并计入当期损益。

3. 利润

利润是企业在特定的会计期间所产生的收益，是指收入扣除费用后的净额，直接计入当期利润的利得和损失。直接计入当期利润的利得和损失是指应计入当期损益，会引起所有者权益的增减变动，与所有者投入资本或向所有者分配利润没有关系的利得和损失。

利润金额根据收入和费用、直接计入当期利润的利得和损失额而定。利润包括投资净收益、营业利润和营业外收支净额等。营业利润指的是营业收入减去营业成本、期间费用以及各类流转税和附加税费之后的余额。投资净收益指的是企业对外投资收入减去投资损失后的余额。营业外收支净额指的是与企业的日常经营活动无关的各项营业外收入减营业外支出之后的余额。

### （三）会计等式

会计要素既体现了资金运动的静态特征，也体现了资金运动的动态特征，它们之间存在着密切的联系，如下列两个方程所示：

1. 计算资产的公式

资产 = 负债 + 所有者权益

这就是最基础的核算公式，一般称为第一会计等式。

正如前面提到的那样，资产是指因为过去的交易或事项而引起的、可以给企业带来未来经济利益的经济资源。它来自所有者和债权人。所有者向企业投资的资本构成所有者权益，而债权人向企业投资的资本构成债权人权益。资产由所有者权益和债权人权益产生。从等式右方看，负债和所有者权益在本质上是两个完全不同的概念，负债是债权人要求公司定期支付本息的权益。在所有者权益的构成中，实收资本属于所有者。在企业不进行清算的时候，它是一种永久性的投资。而所有者权益总额在资产与负债的余额中表现出来，也就是：

资产 – 负债 = 所有者权益（也就是净资产）

2. 计算收入的公式

收入 – 费用 = 利润

企业在一段时间内取得的收入，减去各种费用之后，就是利润。这个方程式就是资金运动的动力体现。企业的利润经过配置后，其中的一部分会以盈余公积和未分配利润的形式保留下来，这就是所谓的"留存收益"，它是企业所有者权益的重要组成部分。另外一部分会被分到投资人手中，成为企业负债的一部分。

## 第三节　大数据时代对财务会计的影响

### 一、大数据时代对会计数据和会计工作的影响

#### （一）大数据对会计信息质量的影响

大数据环境下的会计信息可以分为三种类型：定量描述会计数据、定性描述会计数据及非结构化和碎片化会计数据。从总体上来看，伴随着大数据的出现，非结构化和碎片化数据的数量将大幅增长，并将成为主要数据；从数据的价值密度来看，很显然，定量描述会计数据的价值要高于非结构化和碎片化数据的价值。这样就产生了一个问题：在运用会计数据时，人们将会选用哪些类型的会计数据？从会计的角色和它存在的必然性来分析，会计存在是由于它可以通过自身的一整套系统向信息用户提供有用的信息，进而协助他们作出正确的决定。会计信息失真不但对会计信息使用者作出正确的选择不利，还可能诱发他们作出不当的选择，所以，要使会计信息使用者作出恰当的选择，首先要保证会计信息具有真实性和可靠性。

从当前的会计理论和会计实务来看，会计要求以取得的真实发生的经济业务所对应的单据为记账依据。只有这样，报表中的数据才可以真实、客观地反映出企业的财务状况和企业的生产经营过程、企业的盈利状况和企业的现金流量状况等。所以，站在会计的生存和发展的立场上来说，无论现在是否已经进入大数据时代，本质都不会有任何变化，会计信息应能够为信息用户提供真正、可靠的数据，帮助他们作出正确的决策，不然的话，会计就没有存在的意义了。从获取数据的难度上来说，财务数据采用量化的方式较非结构化和碎片化的方式更易获得；从获取数据的费用上来说，定量描述的会计数据处理费用远低于非结构化和碎片化处理的费用。在大数据时代，会计数据必然以定量描述性数据为主要内容，以定性描述会计数据与非结构化和碎片化会计数据为辅，这也就注定了今后的会计数据的测量手段仍然应以货币测量为主、以其他测量为辅的做法。当前，会计理论与实践的发展出现了一些问题，如行为会计、企业社会责任会计、人力资源会

计、环境资源会计等会计数据很难进行量化，也很难精确地反映到报告中去，而随着大数据的出现，逐步将上述领域纳入会计核算体系中，更全面、更真实地反映出某一会计主体的生产经营过程和经营成果。

### （二）大数据时代对会计数据的影响

会计指的是以货币作为基本的计量单位，以凭证作为基础，通过特殊的技术手段，对某一特定单位的资本流动进行综合、连续、系统、全面的核算和监控，为相关各方提供会计信息，参与企业的经营管理，并以提高经济效益为目标的经济管理活动。简而言之，会计是一种利用对数据，特别是会计数据，进行确认、计量、报告和分析的方式，协助企业的管理者对公司进行内部管理，并为公司的外部利益相关者提供会计信息的一种管理活动。

当前的会计数据可分为三种：

①用于定量描述的数据，如时间、日期、数量、金额、重量等；

②用于进行定性描述的数据，如好坏、质量、型号、颜色、技术等；

③不可以单独用来表示一定意义的非结构化、不完整、碎片化的数据。

当前，对于会计数据的处理，还仅限于对第一种定量描述的数据的处理，特别是对于可以用货币来计量的经济活动所表现出来的会计数据。由于这样的数据不仅可以更加便利地进行价值的转化和判断，还可以更加直接地将企业的生产经营过程还原出来，因此，利益相关方可以根据会计数据信息，对企业的生产经营过程和生产经营结果有一个清晰的认识。与定量描述的数据比较起来，定性描述的数据有一个很大的不足之处，就是从定性数据中可以大致地推测出企业的生产经营过程，但是，却不能将其还原出来。例如，如果这个产品质量很好，只能推测出该企业的运营过程很好，那么到底是怎样的一个良好，在哪一个生产步骤中表现得很好，我们很难知道这个公司的具体经营过程。对于第三种非结构化、不完整和碎片化的会计数据，在因果关系的推理方面，有较为严重的问题。由于具有不完整、非结构化、碎片化的特点，此类数据会造成因果关系推理的困难，导致根据此类数据不能推理出经营结果，也不能还原经营过程。从对财务数据运用的现状可以看出，财务数据运用的主要是定量描述的数据，而对定性描述的数据运用得不多，对非结构化和碎片化数据的运用几乎为零；从企业整个会计数据的作用来观察，虽然定量描述的数据发挥着非常关键的作用，特别是金额数据，但定性描述数据和非结构化、碎片化的数据也非常关键，会对会计信息使用者造成重大的影响，甚至还会对会计信息使用者的决策造成一定的影响。例如，好的产品品质可以提高企业的品牌影响力，为企业创造出良好的商誉，从而使企业获得额外的收益。但因定性描述数据及非结构化和碎片化数据的不足，在当前并未充分体现其功能，也制约着会计理论和实践的发展。

随着物联网、传感技术和互联网等技术的应用，物、机、人三者之间"交互与协同"的关系建立起来，从而形成了海量的物、机、人三者的独立数据和相关数据。当前，一些很难用货币化来计量的经济活动，实际上都可以利用上述技术来记录。在这个记录的过程中，会生成很多的数据，既包括数字等结构化数据，也包括声音、图像等数量庞大的非结构化和碎片化数据。

在大数据的背景下，定性描述数据及非结构化和碎片化数据，特别是非结构化和碎片化的数据将在未来占据绝对优势。尽管定性描述数据及非结构化和碎片化数据存在着固有的不足，但利用大数据挖掘技术，可以充分发挥其会计功能。尽管这些数据不能全面、完全、清晰地推理并反映出企业的经营结果和经营过程，将这些数据组合在一起，就可以通过两者之间的相互影响来推理并反映出企业的经营过程和经营结果。例如，将一个生产步骤细分成几千几万个步骤或更大的细分步骤，一个细分步骤不具有任何意义，但将这无数的细分步骤结合到一起，就可以形成一个完整的步骤，这样就可以实现对会计数据的量化描述。

传统会计理论所采用的会计数据，由于其本身所具有的两种性质：一种是定性描述数据无法以货币计量；另一种是当数据数量很少时，通过进行数据相关性分析得到的结果并不像通过因果关系得到的结果那么准确，那么有说服力，这是因为当数据数量很少时，相关性分析得到的结果具有很大的随机性。

近年来，由于网络技术、云计算技术和大数据挖掘技术的广泛应用，非结构化和碎片化数据呈现出快速增长的态势。从统计学的观点来看，非结构化和碎片化的会计数据已经完全脱离了小数据必须使用因果关系分析的固有限制，通过相互关系进行数据的分析，能获得与因果关系数据分析一样的结果，因此，为非结构化和碎片化数据在会计中的运用提供了切实可行的理论依据和技术支撑。在大数据背景下，大量的非结构化和碎片化数据极大地丰富了会计数据的类型，拓宽了会计数据来源渠道。在大数据环境下，会计数据的组成主要包括三部分：一是定量描述性数据，二是定性描述性数据，三是非结构化和碎片化的会计数据。当前的会计数据在本质上是直线型的数据，在大数据的背景下，会计数据将会呈现出立体化特征，并有可能呈现出三维形态或多维形态。

### （三）大数据时代对会计数据分析方法的影响

在大数据时代到来之前，会计数据中很少有描述性数据及非结构化和碎片数据，这些数据在会计实践中也很少被应用，因此，这些数据并不能被称为会计数据。在大数据时代，我们可以将数据量的优势发挥出来，通过对数据之间相关关系的分析，我们可以获得与因果关系分析相同的效果、相同的可靠性和客观性。所以，在大数据的背景下，在会计领域中，数据量上的优势和数据挖掘分析方法的运用，将推动描述性数据与非结构化和碎片化数据转化为会计数据，从而对会计数据的内容和来源进行了扩充，提升了描述性会计数据与非结构化和碎片化会计数据在会计理论和实践中的应用价值。

事实上，在大数据时代，描述性数据及非结构化和碎片化数据可以作为会计数据的一个必要的前提就是可以对这些数据与企业的价值（或者企业的未来现金流）之间的关联度进行分析从而能够比较精确地发现两者之间的数量关系。大数据挖掘技术不仅将现代统计学、知识信息系统、决策理论和数据库管理等多个领域的知识相结合，还能够从大量数据中找出具体的趋势和关联。利用大数据分析技术，可以从碎片化的、大量的、模糊的、不完全的、非结构化的现实应用数据中，发现这类数据与企业价值存在关联的量化关系。在物联网、传感技术、互联网和云计算等技术的推动下，企业客户关系网络数据、生产过程的生产记录数据、采购过程的动态监测数据等都在以惊人的速度增长，数据呈现出非结构化和碎片化的特点。在大数据时代，现有的数据处理方法难以应对大数据的存储、分割和高效计算等问题。与此同时，伴随着大数据理念和大数据商业价值的发掘，大数据挖掘技术也有了很大的发展，大量的大数据应用软件和操作系统随之诞生，这些数据应用软件和操作系统不仅可以解决描述性数据、非结构化、碎片化数据与企业价值定量关系发现的技术难题，而且还可以推动大数据的发展和应用。

### (四) 大数据时代对企业会计行为的影响

从上述的分析可以看出，随着大数据时代的来临，会计数据的组成也发生了变化，传统的定性描述数据以及非结构化和碎片化的数据将会变成会计数据。一方面，随着会计数据范围的扩大，可以将更多的信息纳入会计核算体系中，特别是那些非结构化和碎片化会计数据中所包含的会计信息，可以让企业更精确地计量这些领域对企业的影响，以便采取更有效的对策，推动和改进企业的生产经营行为。另一方面，随着社会的发展，原本被视为很重要，但是很难用定量描述数据进行计量的会计信息，如企业家能力、智力资本等，无论是对当前的企业，还是对利益相关者，都变得更加重要，并且对将其纳入会计核算范围的需求也变得更加迫切。

在大数据时代，企业能够精确地计量出企业家能力因素对企业的价值，然后，企业就可以根据企业家能力的价值，向其支付相应的薪酬。这种做法不仅可以减少优秀企业管理者的跳槽行为，还可以让其工作的积极性得到提升，为企业招揽更多的优秀企业家。优秀企业家的管理能力强，能够提升资产的周转率；转变筹资方法和筹资战略，减少筹资费用；转变商业战略，拓展市场份额；调整资产组合，提高资产回报率；转变盈利模式，使企业的资本得到最大限度的使用；转变会计政策选择，为企业选择更好的会计政策和会计方法；对大数据中的信息进行分析，挖掘潜在的市场和商业机会。所以说，大数据即将改变商业行为。

### (五) 财务管理人员的管理职能发生了转变

对于传统的财务管理人员来说，他们的职责通常集中在财务核算、财务管理方面。但是，随着大规模数据的出现，数据的繁多和冗长，以及数据分析能力的持续提升，需要财务管理人员将自己的职能逐渐地转向有价值的资源配置中去。他们原来的职能，基本集中于收集定制凭证、复核、结账、报告、归档等方面；但是，在大数据的背景下，财务人员所面临的并不只是财务信息和财务单据，而更多的是大量的商业信息。因此，如何收集和分析信息，并把有效的信息放在合适的资源中，利用有效的财务管理来实现有价值的财务数据，把资源配置在增长的区域中，这就是财务人员转变职能的重要表现。

## 二、大数据时代财务会计面临的挑战

### （一）现代企业管理对财务会计提出了更高的要求

我国的财务和会计工作要更主动地为企业提供信息，由"事务型"转向"经营控制型"，更重视信息的时效性和信息与商业信息的整合。

在商业过程中，预算是所有活动的起点，将预算与商业过程相结合，可以制定更加切合实际、可靠的预算计划；在业务流程中，收入是最核心的部分，财务会计人员可以对每一个业务环节中所涉及的收入点进行梳理，并绘制出收入风险图，从而对收入全程进行监控，确保收入的实现；在将成本管控与业务流程相结合的过程中，可以更好地将精益财务的理念表现出来，利用信息系统可以对成本发生点展开监控，并可以对资源的配置进行及时的调整。资产是所有经营的根本，将其与商业过程整合起来，可以获得更为详尽、精确的资产运用、需求情况；而将风险控制与商业过程相结合，更能适应全方位的风险管理。在大数据时代，在微博、微信和博客中存在着各种与企业有关的信息，有些信息看上去非常有用，但实际上与企业毫无关联。有些信息看似无关紧要，但其实与企业的发展策略密切相关。要对这些信息进行处理，要花费大量的人力、物力，并且必须由具备财务和数据分析能力的专门人员才能完成。

### （二）现代企业管理已经不满足于用 ERP（Enterprise Resource Planning，企业资源计划）等手段进行事后管理

随着市场竞争的日益激烈，企业越来越注重数据的时效性，因此，企业的管理人员越来越需要更具洞察力、更具前瞻性的数据。财务人员应重视并提高自己在大数据方面的整合能力和分析能力，要在复杂的数据中取其精华、化繁为简；能够根据经营需要，灵活地从多方面分析财务资料；能够利用大数据对行业发展趋势和变化进行精确的预测。这对企业的运营有很大的帮助。通过对大数据进行分析，企业能够充分发挥大数据的优势，将财务人员从烦琐的工作中解放出来。随着数据仓库、数据分析平台的建立，企业的财务核算工作将更加高效、更加顺畅，同时也将实现财务核算的远程化、智能化和实时化。利用收集、整理并分析财务信息和人力资源等非财务信息，大数据能够为企业的决策提供强有力的数据

支撑，有助于企业选择成本最低、收入最高、风险适中的方案和过程，从而减少常见的错误，将风险降到最低，让企业的财务会计工作变得更具预见性和智慧性，让企业的内部控制系统得到更好的发展。

### （三）实现业务和财务数据的协同必须解决

通过对各个部门和子公司的人力资源进行大数据分析，可以得到更好的解决方案。企业要适应时代之需，应建立新财务模型，利用对大数据的分析，能够发现各种资源的优化分配途径，以及最方便的工作方式，从而降低成本、节约资源、提高效率，为企业的发展规划提供参考。为了适应新技术引起的商业模式的改变，企业的发展将从垂直和水平两个方面进行，并且将会进行一系列的重组兼并。所以，怎样才能让下属企业的管理要求达成一致，让企业的管理水平得到进一步的提高，这也是在大数据时代中急需解决的问题。

### （四）财务会计信息需要更深刻地挖掘

在大数据环境下，企业获取财务会计信息的方式除通过传统的财务报告之外，还可以通过商业数据和客户数据来获取更多的财务会计信息。以计算为中心的大数据处理平台能让企业对数据进行更加高效的管理，从而提高企业的财务和会计水平。许多企业对自身当前的业务发展状况的分析，仅仅是对表面的数据进行了分析，并进行了简单的总结，在同行业的竞争中，缺少对自身业务、客户需求等方面的深入分析。而企业管理者在决策时如果能以资料为依据，作出客观、科学、全面的分析，则可降低管控的风险。

在大数据环境下，企业除了要拥有更多、更高质量的数据，还要拥有具有更好的领导能力和先进的管理方式的管理者，从而在市场上取得优势。在传统的企业数据平台之外，还可以构建一个将影像、文本、社交网络、微博数据集于一身的数据平台，利用内容挖掘或者企业搜索，来展开声誉度分析、舆情化分析和精准营销等工作。企业可以随时监控变化的数据，并向客户提供实时的产品和服务，也就是实时的最佳行动建议。企业的创新、发展、改革，除了利用传统的数据，还需要将非结构化数据、流数据应用于企业的日常业务，对产品、流程和客户体验等进行实时的记录和处理。企业可以将同一种类的数据进行整合，并进行分析，从而打破传统的商业分析模式，引发业务的创新和变化。企业可以从微博等社交媒体把所需要的文档、文章，输入到非结构化的数据平台中，对其进行分字、词、句法分析、情感分析以及某些关系实体的识别。这样，用户就能得到更多的真实信息和更有经济意义的资讯，从而有效地缓解了一些中小企业的融资难题。

### （五）财务会计信息对企业决策的支持力度需要提升

在大数据的时代背景下，企业可以获取到多个维度的、大量的数据信息。在原本的工作模式中，企业有可能无法应对这么复杂的数据。但是，在大数据的环境下，企业可以构建一个大数据的预测分析系统，让企业从烦琐的数据监控和识别工作中解放出来，从而为企业赢得更多的时间来进行决策和分析。大数据应用的核心是要拥有海量的、真实的数据。一方面，企业可以通过建立自己的大数据平台来掌控自己的核心数据。在为客户提供增值服务的过程中，了解客户的运营情况和消费习惯。另一方面，企业也要加强与电信、电商、社交网络等大数据平台之间的战略协作，构建出一套完整的数据和信息共享机制，对用户的有效信息进行全方位的综合，将金融服务与电子商务、移动网络、社交网络等紧密地结合在一起。

此外，大数据时代的来临也极大地促进了企业财务与会计机构的高效变革，为企业财务和会计工作带来优化的机会。大数据不仅是提高企业管理信息化水平的一种表现，也是企业财务会计人员对企业内部数据资源进行整合的一种有力武器。所以，当企业把注意力集中在财务战略上的时候，财务会计人员就必须要拥有经营分析和经营管理的能力，把企业财务战略管理的范围扩大到数据的供应、分析和资源的分配上，并积极地促进财务组织从会计核算到决策支持的转变。

### （六）财务会计信息的准确度需要提升

财务报表的编制是建立在对计量记录进行确认的基础上，但是，由于缺乏有效的技术手段，作为企业重要资源的财务及有关业务数据，在报表的编写过程中并没有得到足够的关注。受技术的制约，一些与决策有关的数据没有得到及时、充分的收集，或是因为不同的数据归类准则造成数据整合利用困难和效率低下。所以，相关的财务会计信息不准确、不精确，很多的财务会计数据在生产财务报告以后就进入了"休眠"状态，失去其应有的价值。但是，大数据使企业能够高效地对大量的数据进行处理和整合，大量财务会计数据的准确性得以提升。在现阶段，企业面临的一个难题就是当前的财务部门的工作人员缺乏对信息化数据进行处理的能力，缺少对大数据技术的了解。在这种情况下，即使企业的工作人员拥有了一些信息化处理的思路，但是，因为他们对财务和会计的相关内容没有足够的了解，所以，他们无法从这些庞大的财务数据中抽取出对企业有用的信息。

随着信息化技术的发展，如何培养和引进复合型人才成为企业必须关注的问题。企业的财务核算以财务资料为中心，在大数据时代，企业的财务资料更偏向于电子化资料，这就要求企业的财务会计人员要迅速地对这些资料进行汇总，从中抽取出对企业有益的信息，构建企业所需的新资料解析模式，并对企业的财务资源进行适当的储存和配置，从而作出最佳的企业财务决策。

# 第二章 大数据时代财会信息系统开发

现在,人们越来越重视财会信息在经济管理和决策中的重要作用,因而也加大了对财会信息时效性、准确性等方面的研究。本章内容为大数据时代财会信息系统开发,共三节,分别为大数据时代财会信息系统概述、大数据时代财会信息系统设计、大数据时代财会信息系统实施。

## 第一节 大数据时代财会信息系统概述

### 一、信息系统概述

#### (一)系统的定义和特征

系统是普遍存在的。世界上任何事物都可以看成是一个系统。有关系统的定义,从路德维希·冯·贝塔朗菲首次提出后到现在已经十分广泛。简而言之,系统旨在追求达到共同的目标,通过联系的构成要素,形成一个有机结构。

系统的主要特点就是具有目的性,任何系统都有一个非常明确的目标。此外,系统还具有一些其他的特征。系统呈现出"整体性",这意味着将系统分割为独立的部分进行研究是片面的,而是要重视各要素相互之间的作用和影响。在系统的整体性基础上,引申出来一个基础性的系统观,那就是"系统整体功能大于组成系统要素的功能",例如,人们常说"三个臭皮匠等于一个诸葛亮"。但是,各要素之间相互的作用和影响也可能是不利的,从数学角度叫作"负",这也会出现"三个和尚没水吃"的结果。系统通常带有"层次性",也就是说系统结构是有层次的,就像是行政系统中的科、处、局、部、委。这就是系统层次的体现。

系统还带有"动态性",指的是每个系统都是变化的、前进的,没有系统是静止的。除此之外,系统也有"时序性"和"同形性"的特点。

系统论认为系统之间会有很多相同的特点,如整体性、层次性、动态性和时序性。系统论的中心思想是关于系统全面性的理念。贝塔朗菲提出,一个系统就是一个有机的整体,它并非各个元素的单纯结合或简单相加,系统的整体作用是各部分在独立情况下所不具备的特性。他用亚里士多德的"整体大于部分之和"这句话来体现系统的整体性。他认为,在系统里,每个要点都不是孤立地存在,任何一个要点部分都在系统的特定位置上,都具有一定的作用,每个部分都有联系,共同组成一个全面的整体。

### (二)信息系统的定义及重要概念

信息系统是指通过利用一些现代化的新型方式和工具,如计算机技术和网络通信技术等,为信息处理提供保障的系统。它是20世纪中叶信息科学、计算机科学、管理科学、决策科学、系统科学、认知科学(Cognitive Science)和人工智能等学科相互渗透而发展起来的一门学科。

信息系统的使用范围有:一般工程技术方面的信号处理系统,克劳德·艾尔伍德·香农和维纳代表的狭义信息论中限制范围的信息处理系统、服务和管理方面的信息系统。本书要研究的财会信息系统正是服务于管理领域的信息系统。服务于管理领域的信息系统,是指基于计算机和各种软件技术、融合各种管理理论和管理方法、最终为管理服务的信息处理系统。

简单地说,信息系统由一系列相互联系的元素组成,这些元素组合在一起共同完成必要的信息处理任务,从而提供信息来帮助相关人员制定决策。信息处理任务,包括对数据的收集、存储、依据特定的规则进行加工处理,以输出满足特定目的的相关信息。

信息系统以数据作为处理对象,其主要目的是为信息系统使用者提供其所需要的信息。数据的输入、处理和转化为有用信息输出的过程,构成一个信息系统。一般而言,任何信息系统都有着极为明确的既定目的,由输入、处理和输出三个部分组成。

信息(information)是来源于对数据(data)的加工处理成果。

数据是开放式的、没有被处理的，还不会对使用者产生价值。信息则是对使用者能产生价值的知识。信息最重要的用处是提供有价值的知识和资料，让使用者能更明确地进行决定，避免其作一些错误的决策。

信息系统在进行处理时，一般都会有特别多的环节，如果各处理环节之间有前后处理的排序，那么在处理流程之中，数据和信息也会相互变换，上一个处理流程所输出的信息变换为下一个处理流程的输入信息。信息处理过程如图2-1-1所示。

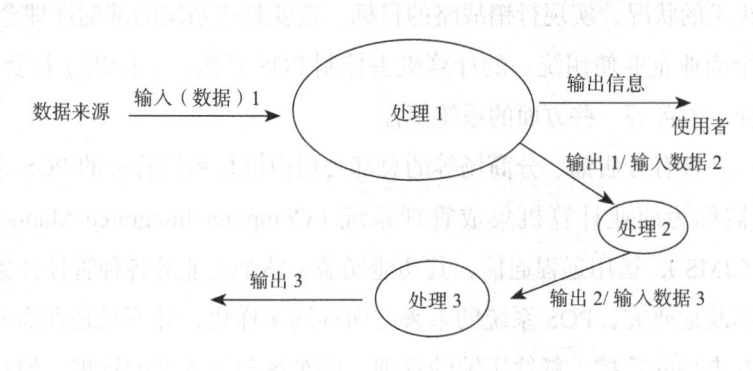

图 2-1-1　信息处理过程

### （三）企业信息系统的应用和发展

自1946年第一台计算机诞生，随着计算机硬件和软件技术水平的不断提高，信息系统经历了数据处理（20世纪50年代至70年代）、知识处理（20世纪70年代至80年代）和智能处理（20世纪90年代）三个阶段，形成了电子数据处理系统（Electronic Data Processing System，EDPS）、管理信息系统（Management Information System，MIS）、决策支持系统（Decision Support System，DSS）、办公自动化系统（Office Automation System，OA）等分支。

信息系统各分支之间的区别主要是所处理的问题和解决问题的方法、手段不同。电子数据处理系统（EDPS）是较少涉及管理问题、以计算机应用技术和数据处理技术为主的系统；管理信息系统（MIS）是以解决结构化的管理决策问题为主的信息系统；决策支持系统（DSS）是面对半结构化的决策问题、支持决策活动的具有智能作用的信息系统；办公自动化系统（OA）多用于解决一些业务处理型机关单位、办公室中的一些日常工作和一些随机的业务处理工作，主要是非结构化的管理决策问题。

商业企业信息系统的典型应用示例：

1.POS（Point of Sale）系统

①一些商铺以及超级市场的商业零售点使用POS系统（销售时点信息系统），该系统大部分是用在电子收款机（Electronic Cash Register，ECR）或者是通用的个人计算机（Personal Computer，PC）以实现零售信息的快速到账，以此来随时把控商品买卖的状况，实现行销战略的目标。这就是该系统的基础性理念。

②一个商业企业使用统一的计算机去控制POS系统，一般用于订货、零售、批发、库存、财务等一些方面的系统管控。

③在一些含有分店铺、分商场等的总部公司内进行系统管控的POS系统。这种系统也被称为商业计算机集成管理系统（Computer Integrated Manu-facturing Systems，CIMS），运用远程通信，其功能涵盖了整个企业的各种管控任务。

通过不断地研究，POS系统的未来方向逐渐多样化，并不只是在商业方面发展，如证券市场的管控、餐饮店铺的管理、停车场和加油站的管理、银行内部的管理等方面，都能加入POS系统。

2.EOS（Electronic Ordering System，电子订货系统）系统

EOS，是指运用掌上型终端设备，通过货架或者台账输入所需购买的货物，用电话线路送给商场（或总店）的发货部门或者供应商，通过这种形式订购货物。通过POS系统完成销售的管控，并运用EOS系统加以辅助，这种方式能减少订货投入，还能使商品的流通效率提高。

3.EDI（Electronic Data Interchange System，电子数据交换系统）系统

EDI，也就是无纸贸易系统。该系统用电子数据的方式传送信息，这样是为了减少贸易时所产生的票单的数量，使贸易的速度更快。EDI系统普遍在连锁店、国际贸易及工厂、运输、银行、保险与商贸的联营系统上使用。EDI系统是一种横向关联的系统，同时也与其他系统的单位、部门的内部信息有着盘根错节的联系。

## 4.VAN（Value Added Network，增值网系统）系统

VAN 将金融业和商业关联起来，运用 POS 系统一步到位地完成电子转账，把 POS 系统与社会公共数据网直接相连。这是开放式的增值网，每一个终端机都能与之相接，它的作用也一直在拓展。

### （四）信息系统和企业资源配置

经济活动总是由特定的行为主体"经济人"在一定的制度环境下和在组织框架内展开，表达着"经济人"的一定的目的、要求、利益。帕累托认为，"经济人"有目的、有手段给自己获取更多的利益，是抽象的，企业是这一类"经济人"的典型代表。

每一种社会经济制度下的企业在经济活动中都会遇到关于资源配置的难题，也就是怎么高效、合理地分配那些相对稀缺的生产资源。关于资源配置的"效率"问题一直都是企业关注的中心问题，换句话讲，对稀缺资源进行合理分配的过程也是企业作出的最好的经济决策过程。企业在进行经济决策时，常常会考虑各种可能发生的选择情况，从而制定一个解决方案，这个解决方案通过支付一些劳动或者货币带来更多的利益。

资源配置受很多方面的影响，简单来说分为三点：决策结构、据以作出决策的信息收集传导和整理结构、"经济人"进行经济活动的动力或动因结构。资源有效配置与三个影响因素之间的关系如图 2-1-2 所示：

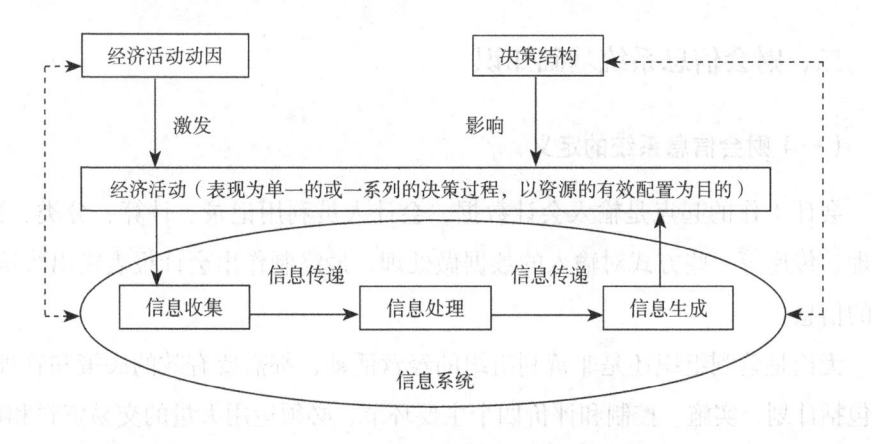

**图 2-1-2 信息系统作为资源有效配置的影响因素之一**

图解：

①经济活动的目的就是为了实现资源的合理分配。

②经济活动的动因激发经济活动，并体现为单一的或一系列的决策过程。

③信息系统会收集、处理经济活动的有关数据，帮助经济活动选择需要的信息。

④决策结构会影响决策需要的信息，从而也会影响信息系统的性能和技术操作。信息系统的性能和技术操作对决策结构同样有影响。

⑤经济活动动因与信息系统存在双向的影响作用。

资源的有效配置是由企业通过决策实现的，这靠的是决策信息的实用性和准确性。信息系统具有三大基本功能，即信息收集、信息传递和信息整理（包括信息处理和生成）。要准确地展现经济活动的过程，确保提供决策的信息是准确的和实用的。所以，信息的收集、传递和处理的过程一定要根据这个目的展开。

资源的合理分配受三个方面的影响，首先是信息系统本身的结构，另外两方面也与信息系统有着密切的联系，经济资源的合理分配需要借助信息系统这一工具来实现。因此，对资源分配及效率问题的研究时，一定要与信息系统结合起来，共同开展。

资源合理分配的过程会涉及很多步骤和个体。帮助做决策的信息都分布在各种经济环节和其他的经济主体之中。如果出现信息收集、传递和处理结构的问题，那么就有可能会导致信息不真实，最后造成资源分配效率降低。

## 二、财会信息系统基础知识

### （一）财会信息系统的定义

会计工作的起点是输入会计数据，会计人员利用记录、计算、分类、汇总、整理、传递等一些方式对输入的数据做处理，最终制作出会计报表输出决策要用到的信息。

无论是营利组织还是非营利组织的经营活动，都需要有效的决策和管理。管理包括计划、实施、控制和评价四个主要环节，必须运用大量的交易资料和信息，包括相关的会计信息。如果缺乏会计信息，那么管理者将无法正确、有效地作出各种战略决策和运营决策。也就是说，会计信息的生成、传递、解读和应用，对任何组织的经营和生存发展都是至关重要的。会计信息来源于对日常经营交易或事项所生成资料的加工处理，从原始交易资料转化为有助于决策的会计信息要经过分辨收集资料、分类整理、信息传递报告三个重要环节，这一过程即构成会计信息系统。该系统是各类组织内部的一个重要的信息系统，会计信息系统的架构及其运行效果将影响各个组织的经营效率和效益。

财会信息系统的主要功能有三个方面：一是收集和存储企业发生的所有业务数据；二是处理业务数据，使其转化成为决策有用信息；三是提供充分的控制措施保护企业资产。

### （二）财会信息系统的构成

和其他所有的信息系统都一样，财会信息系统也存在输入、处理和输出三个中心步骤。财会信息系统收到的数据来源于企业内部或者外部，财会信息系统产生的信息提供给内部和外部的使用者。

为了实现这三个基本环节的基本任务，财会信息系统有着自己特定的构成要素，包括软件（会计信息系统应用程序软件和操作系统软件）、硬件（软件运行所需的硬件平台）、数据库管理系统、程序（会计信息系统为服务企业所遵循的业务程序或业务规则）、人（所有与会计信息系统相关的人，包括提供会计数据的内外部提供者、会计信息的内外部使用者、会计信息系统的开发者、会计信息系统的操作者、会计信息系统的维护者等）。财会信息系统的组件如图 2-1-3 所示：

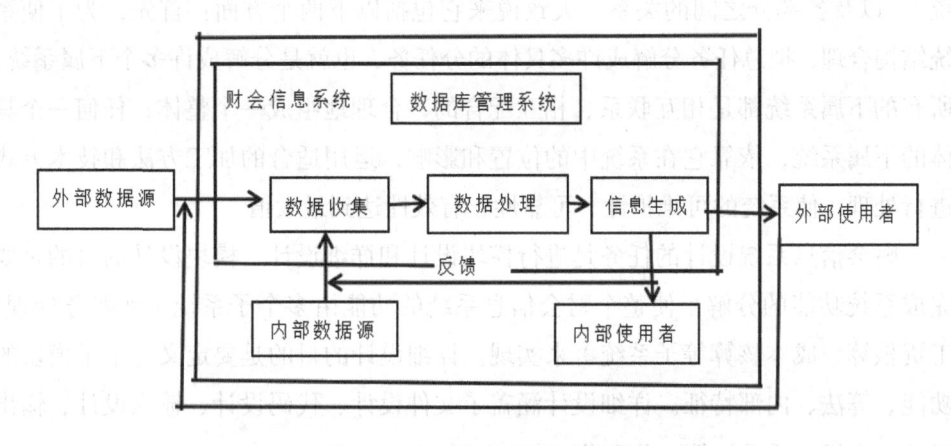

图 2-1-3　财会信息系统的组件

## 第二节  大数据时代财会信息系统设计

### 一、系统设计概述

财会信息系统制作环节里的第二个阶段就是系统设计。在这个阶段，系统设计人员依靠系统分析环节的逻辑架构，根据现实的技术条件、经济情况和社会背景，最终确定系统的实施办法——物理模型。

在系统分析阶段，系统设计人员的主要任务是调查研究、了解情况、分析情况、提出财会信息系统的逻辑模型——即解决财会信息系统应该"做什么"的问题。在系统设计阶段，系统设计人员的中心目标是在各种各样的技术手段和处理办法中比较优劣，从全局出发进行设计，在保证实现逻辑模型的基础上，使财会信息系统变得更加可靠、统一，提升其可变更性和高效率性。系统设计是财会信息系统工程中最重要的阶段，它的主要目的是要解决如何将手工会计系统在计算机上加以实现的问题，它的中心工作是进行模块设计和详细设计，解决财会信息系统"如何做"的问题。

#### （一）系统设计的任务和要求

**1. 系统设计的任务**

系统设计的主要任务是确定财会信息系统由哪几部分组成（包括哪几个子系统），以及各部分之间的关系。大致说来它包括以下两个方面：首先，为了使系统结构合理，把总任务分解成许多具体的分任务，也就是分解成许多个下属系统，所有的下属系统都是相互联系、相互配合的，合理地组成一个整体；任何一个具体的下属系统，依靠它在系统中的位置和影响，运用适合的加工方法和技术方式进行处理，使系统的可维护性、可靠性、有效性达到最大值。

财会信息系统设计的任务是进行模块设计和详细设计。模块设计的目的是要完成系统功能的分解，使整个财会信息系统的功能由多个子系统（如账务处理、工资核算、成本核算等子系统）来实现。详细设计的目的是要定义每个子模块的功能、算法、内部特征。详细设计涵盖了文件设计、代码设计、输入设计、输出设计、人机对话设计等一些环节。

2. 系统设计的基本要求

系统设计是财会信息系统研制过程中最重要的阶段，设计工作的好坏，决定了该软件的运用情况。对系统设计应有以下几项基本要求：

（1）满足用户要求

这是系统设计工作中最重要、最基本的要求，也是衡量财会信息系统的最基本的标准。

（2）可变更性

可变更性是指系统对外界环境变化有较强的适应能力，应用软件的生命力就在于它的可变更性，财会信息系统的外界环境变化较多，要实现系统的可变更性，必须采用结构化设计方法，使一个系统分解成一个多层次的模块结构，各模块均具有相对的独立性。

（3）完全可靠性

完全可靠性是指数据处理的结果能满足会计制度对其数据真实性、可靠性、准确性的要求，防止出现差错、防止数据的破坏和遗失。安全、可靠是财会信息系统的重要特征，也是对会计系统最基本的要求。系统设计人员应采用内部控制的方法，最大限度地保证系统的安全可靠性。

（4）完整、统一性

财会信息系统是一个数据量大、数据结构复杂、处理内容复杂的庞大信息系统，系统内部包括许多子系统、许多个独立的功能模块和程序模块。要求各个组成部分必须协调一致，相互衔接，使系统尽可能完整、统一。

（5）简便性

这是指系统在满足安全、可靠、完整、具有可变更性等条件下，结构应简单、实用，其处理流程应简短。复杂的系统不仅出现故障的频率较高，而且可靠性难以保证；简单的结构能够提高系统的效率，而且可靠性强。

（6）实用性和经济性

经济性是指系统具有显著的经济效果，在设计中，系统设计人员应力求以较少的支出取得尽可能大的效果。在设计中，系统设计人员还应力求使系统简洁、灵活、操作简便，以满足用户的实用要求。

（7）设计文档应齐全

系统设计阶段的成果是系统设计说明书，它是系统实施阶段和系统评审工作的依据，资料必须齐全、完整。

### （二）系统设计的内容

系统设计的内容包含总体设计和详细设计两个方面。

1. 总体设计

总体设计也叫作模块设计。作为系统设计的起点，总体设计的主要目的就是搭建财会信息系统全面的模块结构，也就是怎样把一个系统分成几个模块。系统设计人员通常会运用结构化设计的方式来划分模块，突出以下几个重点：

①以数据流程图为起点构建模块，将数据流作为重点，从上往下，慢慢分解，以树形结构的形式设计模块。

②模块应尽量设计成功能型内聚模块。功能型内聚模块的内聚度高，耦合度小，容易排错和维护。

③模块间尽量用数据耦联，避免用控制耦联，不用病态耦联，以减小模块的耦合度。

④一个模块中的判断影响范围不得超过它的控制范围。

具体说来，模块设计就是要把由数据流图表达的数据处理功能转化成由不同模块完成的功能。

2. 详细设计

详细设计就是针对一个模块处理步骤和细节方面的设计。作为系统设计的第二阶段，同时也是模块设计的重点，详细设计是对模块具体实现方法的设计，给各个模块选择合适的处理方式和技术手段是详细设计的任务。详细设计主要包括文件设计、输入设计、输出设计、代码设计、人机对话设计、程序流程设计等。

文件设计的任务是将会计系统中的凭证、账簿和报表等全部转换成可供计算机处理的文件。文件设计包括确定要建立文件的种类和文件结构的设计两方面内容，文件结构设计是文件设计的核心内容。

输入设计是系统设计的一个重要环节，关系到整个财会信息系统的质量。输入设计的任务是合理地组织数据资源，将其及时、准确地输入计算机内。输入设计包括录入什么样的数据和如何录入数据的设计。输入设计的步骤包括数据的采集、输入设备的选择、输入格式的设计和输入数据的校验这四个过程。

输出设计是把计算机处理的结果根据用户的要求，按一定的格式打印或显示输出。从数据处理流程来看，先有数据输入，经过加工处理后才有数据输出。输出是系统实施的最终目的，所以，系统设计时，应先确定输出，然后再按输出的需要组织数据的输入，即先进行输出设计，后进行输入设计。输出设计包括输出方式的设计和输出格式的设计。会计电算化中的输出方式用得最多的是打印输出，其次是屏幕显示输出（主要用于查询），输出格式的设计是输出设计的主要工作。

代码设计，对于一个财会信息系统来说，所要处理的会计科目有很多（包括明细科目）。如果直接将汉字科目输入计算机，其输入、存贮和处理都将十分困难，因此，有必要按某种规律将这些科目转换成数字或字母组合而成的代码，这就是代码设计。代码设计是财会信息系统的基础。代码设计的任务是将会计对象中所有的会计科目、设备、材料、人员、部门等按照某种规律进行编码，以利于数据的识别和处理以及减少存贮空间的占用等。

人机对话设计是为了方便用户使用计算机所普遍采用的最有效的设计方法。对话设计的目标有两个：一是帮助用户把数据输入计算机，二是回答用户的询问。

3. 系统设计的文档

系统设计阶段的结果就是提供一份系统设计说明书。系统设计说明书主要由两部分组成：一是系统总体设计方案，二是方案实施计划。

## 二、系统的总体设计

系统的总体设计面对的问题是如何将系统划分为若干个模块、明确模块间的调用关系和模块间传送的数据、如何评价模块结构的质量等。系统的总体设计是系统开发过程中的关键环节，总体设计的好坏决定了系统质量的高低和性能的优劣。但是，对于给定的系统功能，其实现方案往往有多种，这就需要全面评价各种方案，从中选择一个较好的方案，使在一定限制条件（如经费、时间、资源等）下，目标（易维护性、灵活性、可靠性和效率等）达到最大限度的满足。因此，需要有一套方法指导设计，以便设计人员比较容易地找到最佳的设计方案。20世纪70年代以来最具代表性的系统设计方法是结构化设计方法。

## （一）结构化设计的基本概念

结构化设计（Structured Design，SD）是以数据流图为基础构造模块的控制结构图。它的基本思想是模块化、自顶向下、逐步分解。这里"模块"是指用一个名字可以调用的程序，是系统中完成某一具体工作任务的组成部分；自顶向下、逐步分解则是结构化设计过程中的指导思想，贯穿在模块分解过程中。例如，当设计某一功能部件时，可以先把它定为黑箱（已知输入、输出和功能，未知其内部结构和内容），暂不考虑它的内部结构和实现方法，待进行下一步设计时，又可导致出现更多的黑箱，直到其组成黑箱的结构容易确定为止。随着其组成黑箱的确定，整个功能部件也就完全确定了，这就是分解过程中的逐步分解过程。

结构化设计的分解原则为：

①分解时，把相关的问题放在一起，组成一个模块，把互不相关的问题划归为系统的不同部分。

②每个模块应有明确的功能，只解决一个问题。

③分解时，要指出模块间的联结关系，块间联系应尽可能简单，使模块具有独立性。

由于计算机信息系统的处理动作是顺序的（即过程性），系统的各个组成部分都有它的管辖范围（即层次性），所以，将系统分成许多模块以后，这些模块应组成层次结构：

①层次较高的模块可以有一些直属的下级模块。

②同级的模块不可以相互之间借调使用。

③上级模块只可以调用直属的下级模块，不可以跨级发布命令。

④下级模块只可以向直属上级模块传递信息，不可以跨级传递。

结构化设计方式会提供一种图形表达的工具，来体现使用者需求的数据流程图导出初始模块结构图的原则，判断模块结构的质量水平，以帮助系统设计员确定系统由哪些模块组成、用什么方式联系在一起，以便构成一个最好的系统结构。

## （二）模块结构图

模块结构图是一类文档，也是系统设计过程中表达系统结构的重要工具，其一方面严谨地规定了模块的名称、性能和接口，另一方面也突出了设计的思路。模块结构图的主要构成部分有以下几个：

1. 模块

具有以下四种属性的一组程序称为模块：

①输入和输出，使用者对模块进行输入，模块把生产的数据返回使用者，模块从哪里输入就从哪里输出给同一个使用者。

②逻辑功能，是指把输入转换成输出的功能，由于模块是分层次的，所以下层模块的功能是上层模块功能的一部分。

③运行程序，是指实现逻辑功能的程序。

④内部数据，是指每个模块独有的数据。

第一个属性和第二个属性属于模块的外部属性，第三个属性和第四个属性则是内部属性。在结构化系统设计上，最重要的属性是外部属性，即做什么，而不是内部属性，即如何做。

在模块结构图中，一般把长方框代指为模块，内部用模块名或是统一的号码代替，用来表示模块的作用。模块名是由动词和用为宾语的名词构成的。

2. 调用

调用用箭头表示，箭头的方向一般由调用的模块延伸向被调用的模块，用来表达调用模块里包括对被调用模块的调用。如图 2-2-1 所示，模块 A 中含有对模块 B 的调用，当模块 A 调用模块 B 时，模块 B 在执行完本身的功能后，返回到模块 A 调用模块 B 的地方。模块 A 中有调用模块 B 的语句，模块 A 有调用模块 B 的能力，但没有表示出调用条件和调用次数，下面这张图只表示出模块间的连接。

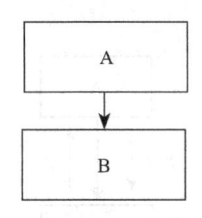

图 2-2-1 模块间的连接

任意模块是否能够调用另一个从属模块，取决于调用模块内部的判断条件，那么，这样的调用被称为模块间的判断调用，在图中用菱形符号表示。图 2-2-2 表示模块 A 有条件的调用模块 B、模块 C 或模块 D。

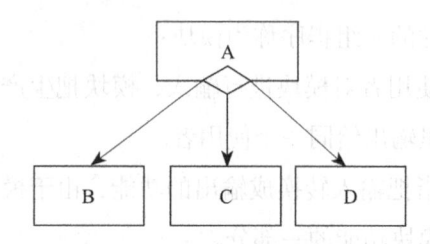

图 2-2-2　模块的条件调用

如果一个模块循环调用一个或多个从属模块，则用弧形箭头表示循环，图 2-2-3 表示模块 A 循环调用模块 C 和模块 D。

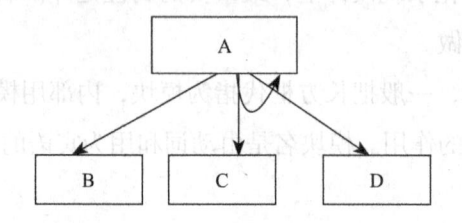

图 2-2-3　模块间的循环调用

3. 数据

如果有模块调用其他的模块，调用模块能把数据输送给被调用模块，而被调用的模块把数据加工完成后又传递回调用模块，这种模块相互传递的数据用调用箭头末尾加圆圈的小箭头表示，小箭头指向数据传送的方向，在小箭头旁边注明数据的名称，如图 2-2-4 所示：

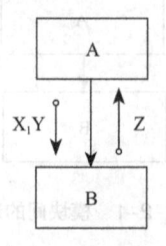

图 2-2-4　模块间的数据通信

4. 转接符号

如果模块结构图没办法完整地画在一页纸上，另一部分在新的一页纸上，或是一部分内容在同一页纸的另一个地方，那么应该用转接符号来减少箭头的混乱，如图 2-2-5 所示：

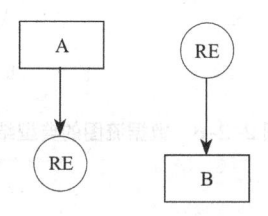

图 2-2-5　转接符号

当画系统模块结构图时，设计人员习惯上将输入模块画在左边，将输出模块画在右边，将计算模块居中。

应该指出的是，"结构图"和"框图"是两种不同的描述工具，"结构图"描述的是程序的层次，而"框图"描述的是程序的执行过程。在系统总体设计阶段，设计人员关心的是程序的层次结构，而不是执行过程，所以，采用结构图作为描述工具。

采用结构化方法进行系统的总体设计分两步：第一步是根据数据流图建立系统的初始结构；第二步是对初始结构做改进，以求得到一个符合设计要求的模块结构图。

（三）从数据流图导出初始结构图

数据流图通常分为两类主要结构：一类是变换型结构，主要有输入、主加工和输出三阶段，是线性状的；另一类是事务型结构，是通过一种处理把输入转化为一些平行数据流，之后再对不同类型的数据流进行不一样的处理方式，如图 2-2-6 所示：

对于上述两种类型，要有针对性地通过"变换分析"和"事务分析"方法，导出"变换型"和"事务型"模块结构图。这两类方式都是设计顶层模块，"由顶向下、逐步分解"，通过用户需求逐级设计下级模块。

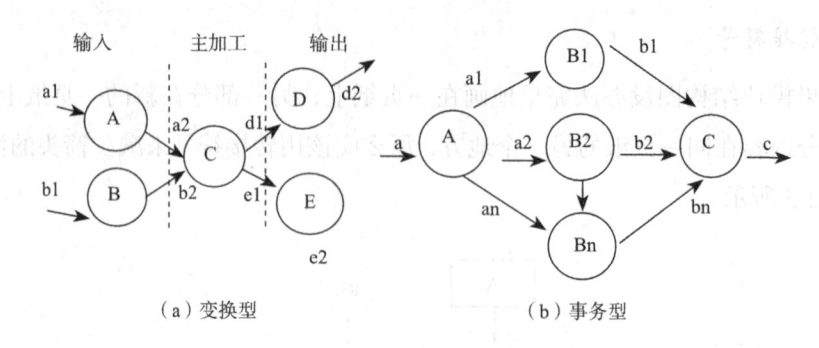

图 2-2-6 数据流图的典型结构

1. 模块结构的标准形式

相应于数据流图的两种典型结构，模块结构图有两种标准形式：

（1）变换型

变换型模块结构的功能是处理输入的数据并输出，如图 2-2-7 所示。其运行流程是由主模块接到控制，通过结构逐级将控制下达，数据 A 由下层逐级往上传递，并通过预处理后变为逻辑输入 B，在主模式的控制下由变换模块转成逻辑输出 C，接着再往下级输送，并逐渐转变为适当的输出 D。

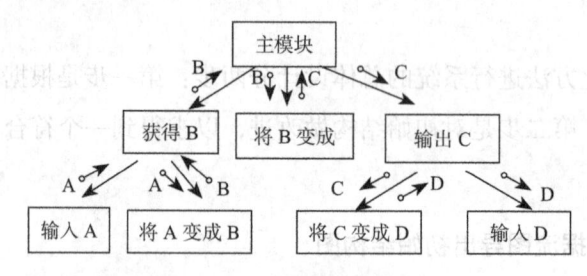

图 2-2-7 变换型模块结构图

（2）事务型

事务型模块结构的功能是根据接收的事务类型选择一种事务加工，如图 2-2-8 所示。事务型模块结构包括事务层、操作层和细节层事务。主模块依据类型调用三种处理模块，事务处理模块继续调用一些细节模块。因为不一样的事务或许有一样的操作，不一样的操作或许有一样的细节，所以，一些事务处理模块也会共享操作模块，某些操作又可能共享一些细节模块。

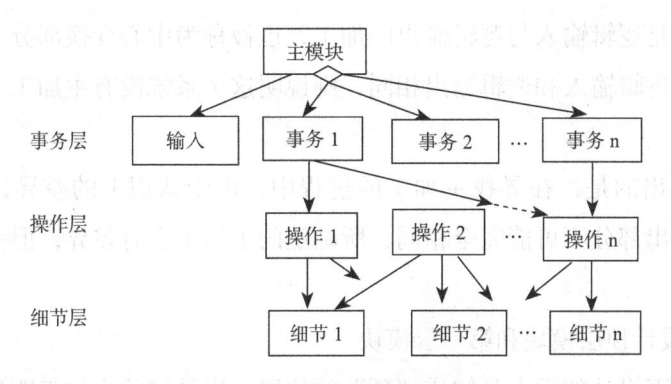

图 2-2-8　事务型模块结构图

在财会信息系统中，多为变换型与事务型的结合。

2. 变换分析

输入、主加工和输出共同构成变换型结构的数据流图，主加工是其重要环节，其中，输入数据流称为系统的"逻辑输入"，输出数据流称为系统的"逻辑输出"，系统输入端的数据流被称为"物理输入"，系统输出端的数据流称为"物理输出"。在通常情况下，物理输入到逻辑输入的过程包括编辑、审核、格式转换等一系列辅助加工，从逻辑输出到物理输出也要经过格式转换、组成物理块等辅助加工，数据流图里的输入环节由物理输入到逻辑输入组成，输出环节为从逻辑输出到物理输出组成，而主加工则是逻辑输入与逻辑输出中间的环节。当然，也有的系统可能没有主加工，仅由输入和输出两部分组成，只将输入数据变换成另一种格式输出。

变换型结构数据流图导出为合理的变换型模块结构图有三阶段：

（1）确定主加工

在进行这一步时，暂不考虑数据流图中的一些支流，如出错处理等。有两个办法判断主加工，即几个数据流汇合处通常是主加工，如果不存在确切的交汇点，那么设计人员可以通过寻找系统的逻辑输入和逻辑输出来确定主加工：从物理输入端开始，逐步向中间移动，每移动一步就判断所在的数据流是否仍可作为系统的输入，一直到系统停止数据流输入为止，上一个数据流是逻辑输入，也就是离物理输入最远却还是系统输入的数据流就是逻辑输入。同样，从系统的物理输出端开始，慢慢朝中心发展，离物理输出最远却还是系统输出的数据流就是逻辑输出。主加工是逻辑输入与逻辑输出的加工，也被称为中心变换部分。如果在寻找的结果中，逻辑输入和逻辑输出相同，则说明这个系统没有主加工，只存在输入和输出。

应该指出的是，在寻找主加工的过程中，由于认识上的差异，不同人的输入部分和输出部分不可能完全相同，所确定的主加工会有差异，但一般不会相差很大。

（2）设计顶层模块和第一层模块

从上往下设计的重点是知道"顶"的位置，当系统的主加工明确后，模块结构图里主模块的位置也就明确了。要把主模块放在和主加工相对应的地方，主模块的工作也是系统需要完成的工作，并通过它调用下层模块完成系统的各项任务。

主模块的位置确定以后，就可以按输入、变换、输出的模式设计第一层模块。由于输入部分有两个逻辑输入，要设计两个输入模块。同样，输出部分也有两个逻辑输出，因此，对每个逻辑输出设计一个输出模块，把主模块产生的数据输出。给主加工设计变换模块，其作用是把逻辑输入转换为逻辑输出。

（3）制作第一层模块的下级模块

制作的顺序是随机的，一般根据输入、输出、变换的顺序制作。

输入模块的功能是向其调用的模块提供数据，必定有一个数据来源。除此之外，它需给调用模块提供合理的数据，所以应拥有变换动能，可以把输入的数据根据需求变换之后传递给调用模块。因此，需要给输入模块设计两个下级模块，也就是输入模块和变换模块。

输出模块就是把调用模块的数据输出，变换模块和输出模块，将调用模块的数据转变为输出的形式，输出模块将变换后的数据输出。

在上面的流程之中，能从上往下地逐级传递，直到系统物理输入端或者输出端。中心变换模块下级模块的制作并不统一。一般应根据数据流图中心变换的组成情况，按子加工设计下层模块。

3. 事务分析

事务分析，即依靠事务型数据流图导出事务型模块结构图的整个环节。当通过事务分析法制作系统的模块结构图时，一定要先研究数据流图，明确事务重点，然后设计模块结构。在数据流图中，事务中心具有四个特点：

①获得事务记录。

②探究各项事务，明确其类型。

③给各项事务确定逻辑处理的方法。

④确保每项事务得到完全的处理。

所以，只要对数据流图作比较仔细的分析，就能找出各种类型的事务、事务处理逻辑和事务中心。

事务分析模块结构的设计与变换分析一样，也是自顶向下逐步分解，先设计主模块，再为每一种类型的事务设计事务处理模块，接着为处理模块设计下级的操作模块，紧接着制作下级细节模块。一部分操作模块和细节模块能被多个上级模块一起使用。事务型模块结构图一般由获得事务、分析事务、确定类型、完成每个事务处理等四部分组成。

总起来讲，进行事务分析要经过四步：

①确定事务中心，选择以事务为中心的结构。

②按类划分事务，确定每种事务类型所需要的处理操作，为每种类型的事务或联系密切的一组事务，设计一个有针对性的事务处理模块。

③给每个事务处理模块设计下级操作模块，它的设计方式和变换分析相同。

④在一定情况下，规定操作模块的所有细节模块。相同的，细节模块需要被一些操作模块共用。

事务分析同变换分析一样是系统设计的重要方法，不过事务分析在系统设计中还有两个作用：

①它能把一个大的复杂的数据流图分割成若干个比较小的数据流图，对每个小的数据流图，由于只反映一类事务的处理功能，所以可采用变换分析进行设计。

②它能再把这些模块结构图（每一张结构图表示一种类型的事务处理）合并起来，形成一张大的模块结构图，这样就便于阅读，方便修改。

一个规模比较大的信息系统的数据流图往往是变换型和事务型的混合结构。在这种情况下，一般将"变换分析"作为重点，将"事务分析"作为辅助。首先，要找到输入、主加工和输出，通过变换分析建立模块结构的上级；然后，依靠数据流各部分的结构要点，灵活使用"变换分析"和"事务分析"就能输出最初的模块结构图。

事实上，通过以上的方式导出的模块结构图有很多种。按理论来说，每一个能适合系统说明书的模块结构图都能成为初始模块结构图。因此，在进行系统设计时，应根据系统的特点，从实际情况出发灵活地运用变换分析和事务分析，才能获得一个比较好的模块结构。

由于有些用户要求是在加工说明中表达的，而在数据流图中并没有反映，如出错处理、过程性信息、种种限制等。但是，系统的模块结构需要符合使用者的条件。因此，数据流图导出的初始结构远非完善的设计方案，需要进行补充和改进。

**（四）财会信息系统的模块设计**

财会信息系统的模块设计包括系统总体功能设计和各子系统的模块设计两部分。

1. 功能设计

功能设计指的是如何依据以往的会计核算工作的形式、特点，利用计算机加工的优势，将系统的总功能划分为一些具体的子功能，也就是子系统的划分。

在我国目前条件下，主要在手工操作的基础上设计并建立财会信息系统。会计系统有数据丰富、结构复杂、加工环节多、规模大的特点。根据当前会计业务核算工作的特点，财会信息系统应主要包括以下几个子系统，如图2-2-9所示：

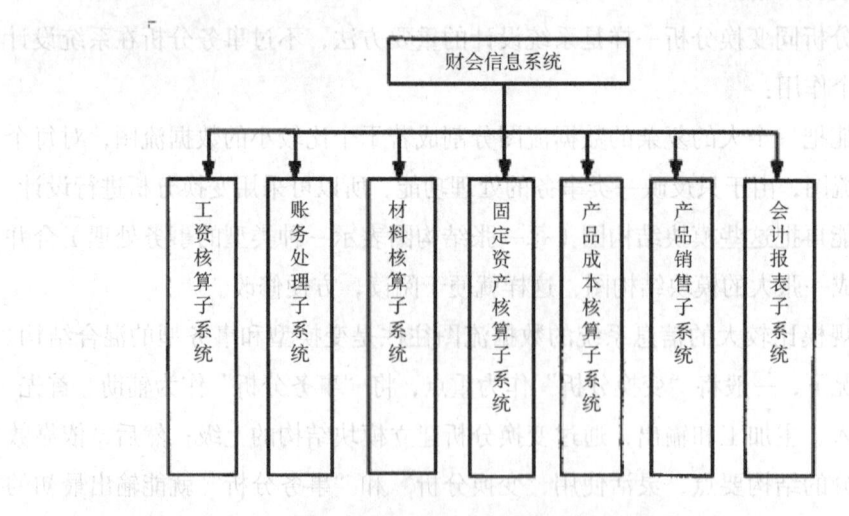

图 2-2-9　财会信息系统的主要子系统

（1）工资核算子系统

根据企业职工的工资数据及增、扣款项，计算每个职工的应发工资和实发工资，编制输出工资发放结算单，并进一步汇总、编制工资汇总表和工资费用分配表。

（2）账务处理子系统

接受各类记账凭证（收款凭证、付款凭证、转账凭证）、登记日记账、明细账，进行科目汇总，包括输出日记账、明细账、科目汇总表、总账和会计报表等。

（3）材料核算子系统

输入材料核算的各类凭证，计算材料的实际成本，进行材料的收、发、存的核算，以及输出各类材料的库存资金动态表、每类材料的储备期明细表、材料成本明细表、材料分配表等。

（4）固定资产核算子系统

建立企业各种固定资产数据库，处理固定资产的增加、减少和统计汇总，进行固定资产折旧的计算，并按部门统计每月应提的折旧费。输出表格有按使用部门分类的固定资产明细表、按使用部门分类的固定资产折旧分配表、固定资产增减统计表等。

（5）产品成本核算子系统

产品成本核算子系统具有数据多、加工环节烦琐的特点。成本核算的数据，一部分由其他子系统转来，如账务处理子系统中的生产成本、制造费用等明细账数据，工资核算中的工资费用分配表，材料核算中的材料费用分配表，固定资产核算中的折旧费用分配表等；还有一部分根据原始凭证直接输入，如工时统计表，完工产品入库单，产品盘点明细表等。在计算成本时，首先必须按用途归集本期发生的各项要素费用，然后将归集的各项费用按使用对象计入各产品成本，并将本期发生的费用加上期初在产品，在完工产品与在产品之间进行分配，以求得本期的产成品成本。输出的表格有产品成本汇总表和期末在产品成本汇总表等。

（6）产成品销售子系统

产成品销售核算包括产成品核算和销售核算。产成品核算是对库存产品收入、发出和结存的计算。销售核算可以理解为销售收入、销售成本、销售税款及附加和销售利润的核算。产成品销售核算以产成品入库单、出库单和销售发票为原始数据，建立产成品明细账文件、销售明细账文件和发出商品明细账文件。输出的报表有产成品收、发、存明细表、产品的销售明细表等。

（7）会计报表子系统

根据上述六个子系统输出的数据，编制并打印输出有关会计报表，包括资产负债表、损益表、现金流量表、产品成本计算表等其他类型。

2. 模块设计

这里的模块设计是指把其中的子系统模块继续分解，也就是把其中的子系统划分为一些子模块。下面以账务处理子系统为例，介绍模块设计方法：

某公司手工条件下采用科目汇总表核算方式，其账务处理流程如图2-2-10所示。

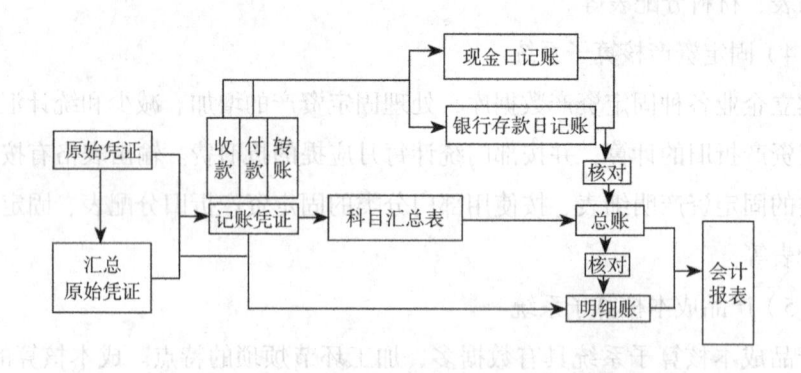

图2-2-10 科目汇总表核算方式账务处理流程图

（1）分析账务处理系统人机界面

任何系统都存在着手工处理方式和计算机处理方式并存的问题，因此，就存在着人机界面的问题。解决人机界面的关键是要确定其输入和输出，决定了账务处理的职能范围。

①输出界面的分析。如图2-2-10所示，会计报表和会计账簿是账务处理的结果，显然这也是账务系统电算化的要求，所以，输出界面就是账簿和会计报表。

②输入界面的分析。如图2-2-10所示，可以明显地看出，输入的是原始凭证，而且凭证的格式多样、来源不一、数据结构很不规范，很难适应电算化处理，因此，就必须对原来手工输入的原始凭证加以整理（输入编辑），变成适应计算机处理的形式。由此可知，输入界面就是原始凭证和对原始凭证的编辑整理。

根据以上分析和对手工环境下账务处理流程和特点的分析,可推导出电算化条件下账务处理子系统的数据流图,如图 2-2-11 所示。

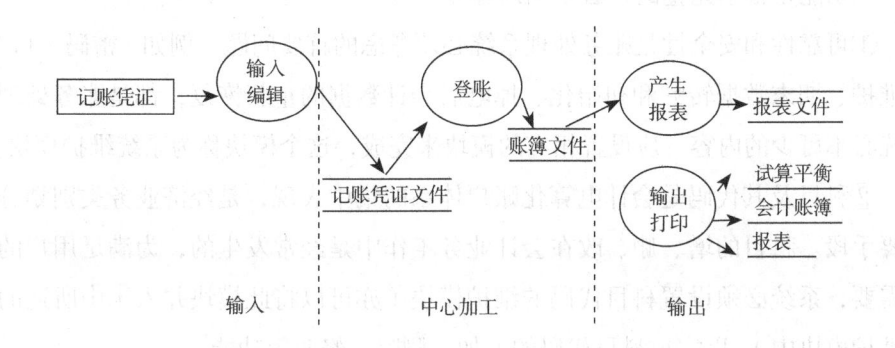

图 2-2-11 电算化条件下的账务处理数据流图

(2)确定中心加工及输入处理、输出处理。

该图明显地分为三块:第一块是用户输入的数据,该数据全部流向登账处理块。第二块、第三块的数据是在登账处理后流出的数据,即输出数据流。根据结构化设计,将用户输入变换成用户输出的加工步骤称为中心加工。一般把登账处理作为中心加工,将中心加工前的所有工作均归为输入处理,将中心加工后的所有工作归为输出处理,这是符合结构化设计的要求的,由此得出的系统模块图如图 2-2-12 所示:

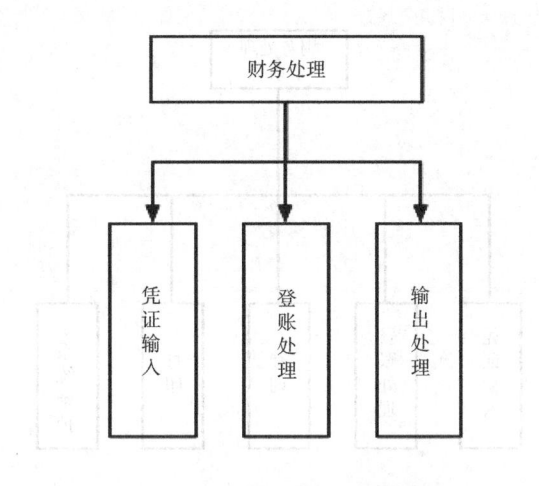

图 2-2-12 账务处理系统模块图

（3）模块图的补充

图 2-2-12 仅包括了账务处理子系统的三个最基本的功能，但从用户的角度来看，该功能是很不完整的，必须加以补充。

①可靠性和安全性是账务处理系统必须考虑的首要问题。例如，密码（口令）的维护、期末数据转贮和初始化、掉电后会计数据的重新恢复，都是账务处理子系统必不可少的内容，应设置相应的模块来完成，这个模块称为系统维护模块。

②科目及其代码是会计电算化账户体系的集中表现，是经济业务类别划分的重要手段。科目的增、删、改在会计业务工作中是经常发生的，为满足用户的这种需要，系统必须设置科目代码的维护模块（亦可以将此模块并入①中所述的系统维护模块中），以完成科目代码的增加、删除、修改等功能。

③账务处理电算化后，会计数据的存贮介质发生了根本的变化，存有大量数据的磁盘代替了账簿和报表，查找会计数据的手段和途径也发生了变化，会计数据的查找是会计业务中经常性的工作，因此在账务处理子系统中必须设有查询功能模块，以满足财会工作查找的需要。

综上所述，为了达到上述三点要求，系统补充增加了三个功能来完成其相应的工作。这样，系统就有了六个模块，不但能完成账务处理的基本功能，而且对于出现的新问题和意外事故也有相应的模块来进行处理，这就使系统具有功能的完整性，账务处理子系统模块结构如图 2-2-13 所示。

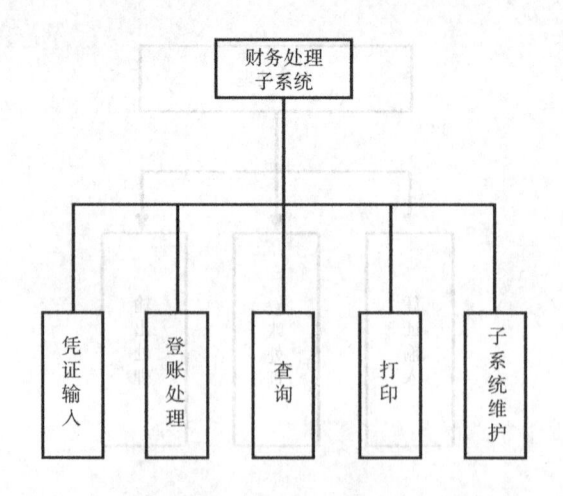

图 2-2-13　账务处理子系统模块结构

实际上，模块的划分工作并没有到此为止，各功能模块还可以继续往下分解，如系统维护模块可以继续往下分解为："口令修改模块"和"转贮及初始化模块"等子模块。

当设计人员着手会计系统的项目开发时，设计人员可以根据企业的具体情况，先设计某一个模块，如对于实现分散核算，或者产品品种较多，但成本计算较为简单的企业来说，可以先开发（或仅开发）账务处理模块，这是因为账务处理模块既能反映一个企业会计业务的基本面貌，又能立即减轻会计人员的劳动，而且，见效快、耗费少、易通用，便于在同类企业推广移植。

### 三、系统详细设计

总体设计能够搭建系统的模块结构，详细设计是补充完成模块的具体办法和重要的细节，包括文件设计、输出设计、输入设计、代码设计、人机对话设计和程序流程设计等内容。

#### （一）文件设计

文件是具有相同性质的记录的集合，记录由字段组成。文件有两种：一种是数据文件，另一种是程序文件。程序文件是若干程序的集合，本书所讲的文件是指数据文件。

文件设计的任务就是将手工条件下会计业务的凭证、账簿、报表及其他会计数据全部转换成可供计算机处理的数据文件。

1. 文件设计的原则

文件设计的原则是：要保证系统的可靠性，提高存取速度，以最少的存贮空间存贮最多的数据。

（1）可靠性

在设计文件时，设计人员要了解各类文件的保密要求，在技术上采取保密措施，如设置文件口令、设置读写保护装置等。

（2）存取速度

存取速度一般是指读、写一个物理记录的时间长短。要提高文件的存取速度，应根据数据活动率来决定文件的存取方式。

数据活动率（S）= 处理记录数 / 文件记录数 ×100%

当 S＜5%时，一般宜用直接存取方式。

当 S＞30%时，一般宜用顺序处理方式。

索引顺序文件的存取速度比顺序文件要快得多，使用也比较方便，在财会信息系统中广泛应用。

（3）空间有效性

应以最少的空间存贮最多的数据。

在信息处理技术中，时间和空间永远是矛盾的，目前通用的解决方法是以牺牲空间来换取时间，加快处理速度。

2. 文件的分类

从不同的角度，对文件有不同的分类方法。

（1）按文件的组织形式和存取方式分类

按文件的组织形式和存取方式，一般将文件分为顺序文件、索引文件和直接文件。

①顺序文件，是指文件的记录按其建立时的先后次序排列，也必须按照记录号的先后顺序读取。例如，现金凭证文件是按输入的先后顺序建立的，当需要读取文件的第 50 个记录时，必须从第一个记录开始，顺序读完前面所有的 49 个记录，才能读出该记录。顺序文件检索速度较慢，但处理简单，不必查询记录地址，适用于成批处理或在文件的记录个数不多的情况下使用。

②索引文件。存储器里的索引区和数据区内都是索引文件。索引表在索引区域内，数据文件建立在数据区内。索引文件可以分为索引顺序文件和索引非顺序文件。

第一，索引顺序文件按关键字的次序顺序排列，建立索引表。例如，以凭证号为关键字建立一个索引文件，当查找某凭证号的记录时，可以直接查找该凭证号所对应的记录，而无须去查找整个凭证文件，因而检索速度很快。由于索引顺序文件使用时可以顺序读取，又可以随机读取，使用方便，且检索和修改记录的速度很快，因而财会信息系统中的大多数文件都采用这种形式。

第二，索引非顺序文件。文件记录不按顺序排列，建立关键字和地址的对应关系索引表。这种文件在建立时比较麻烦，且占用空间大，但插入、删除速度较快，用于处理个别记录并又经常插入的文件中，在财会信息系统中一般用得不多。

③直接文件，是指以记录的某个数据项作为关键字与记录的物理地址之间存在的直接关系，来实现记录随机存取的文件。该类文件在财会信息系统中用得很少，这里不作详细介绍。

（2）按应用的角度分类

有主文件和中间文件。

①主文件，是指需要作为会计资料保存的文件，是系统中最重要的共享文件。主文件中的数据必须是完整的、固定（或半固定）的数据。财会信息系统常常以下列文件来作为主文件，如记账凭证文件、账簿文件、会计科目名称及编码文件、工资文件、产成品文件等。

②中间文件，又称为过渡文件，是一种在数据处理过程中，如分类、排序、汇总等需要而建立的中间性文件，类似于财会工作中的工作底表，如各类费用分配文件、产品成本计算文件、总账科目试算表文件等。

3. 文件设计步骤

文件设计分为数据分析和文件结构设计两个步骤。

（1）数据分析

数据分析包括数据来源的分析和存储对象（实体）的分析两方面。

数据来源分析是指判断文件里的数据从哪里来。在通常情况下，记账凭证的数据是从原始凭证而来的，会计账簿数据又是从记账凭证而来的，产品成本数据一部分由其他子系统转来，还有一部分根据原始凭证直接输入，固定资产折旧分配表的数据来源于固定资产明细表和库存固定资产明细表。

存贮对象分析也就是分析存贮对象是什么，即对存贮对象的名称、类别、长度、数据量的大小、取值范围和代码等基本特征进行分析。在分析时，如果发现用户对数据项的定义前后不一致，有二义性等，则应立即加以纠正，尽早统一，保证数据的唯一性和准确性，避免系统紊乱。

（2）文件结构设计

文件结构设计的任务是确定文件由哪些记录组成、字段有什么特征，包括字段的设计和记录的设计两个步骤。

①字段设计，包括给字段命名，确定字段的类型和确定字段的长度和小数位数。

第一，字段命名，要求字段命名必须与存放的数据相联系，简洁、方便，以保证可读性和程序员编程的方便。为便于计算机处理的方便，字段名可用汉语拼音的缩写，如对记账凭证文件中的凭证编号命名，字段名可命名为PZBH（凭证编号）。

第二，确定字段类型。基本的字段类型有字符型（以C表示）、数值型（以N表示）、日期型（以D表示）、逻辑型（以L表示）、明细型（以M表示）和通用型（以G表示）等六种类型。字段类型的确定取决于字段的逻辑特性和对该字段进行的运算。例如，在记账凭证文件中凭证编号可定义为字符型，数量或金额应定义为数字型，日期应定义为日期型（也可定义为字符型）。

第三，确定字段的长度。一般根据存贮的数据的大小和使用者的要求决定字段的长度。长度用位表示，1个位就是1个字节（1Byte）。每个字符占1位，每个汉字占2位。数字型字段长度中还需表示出小数点后的位数。例如，发生金额字段是数值型，其整数部分有9位、小数点后有2位，则其长度应设计成12位，其中，小数点本身占1位。

②记录设计，应该按一一对应的方式选择构成记录的字段，也就是存贮对象的数据该是多少，就建立多少个字段。

③综合分析。记录结构设计好后，应该进行综合分析。对一个文件来说，记录的结构可能是合理的，但对整个系统来说却很可能是不合理的，甚至是错误的，因而必须进行综合分析。综合分析的目的是将全部文件的记录结构进行一致性、准确性、合理性分析，并消除冗余以节约存贮空间。

综上所述，文件结构设计是文件设计的中心内容，要设计出合理的文件结构，就必须对数据进行全面的分析，充分了解数据的属性和用途。

### （二）代码设计

代码在形式上来说是数字和字母的结合，在本质上来说是客观实体或者其属性的代表。人与计算机通过代码进行沟通并互相交换信息，所以，代码是否科学、合理是系统能否有效运作的决定因素，也是系统开发成功与否的关键。

1. 代码设计的原则

在进行代码设计时，设计人员必须遵循下列原则：

（1）单义性

必须保证每一个所描述的实体（或属性）都有一个明确的代码表达其意义；同时，一个代码只能表示一个的实体（或属性）。

（2）通用性

要在一定的业务范围内能够通用。

（3）规律性

代码的层次和顺序应当有一定的逻辑规律。这样，通过排序，就可以自然地得到具有实际意义的分组。

（4）实用性

代码要适应会计核算业务的要求，方便用户使用。

（5）简明性

代码结构要清晰，易记易用。在其他要求都满足的条件下，代码长度尽可能简短。代码越长，输入或操作越容易出错。

（6）稳定性

确定后的代码要能够使用较长的时间，无特殊情况一般不要随意变动，否则会引起系统中数据结构和控制结构的变化，应该尽量避免这种情况。

（7）扩展性

扩展性是指便于追加代码或减少代码，而无须改动原来的代码体系。

（8）标准性

一般尽可能利用国家或各行业颁布的标准代码。

总之，代码设计应该做到科学化、规范化、标准化、系列化、实用化和简单化。

2. 编码方法的分类

（1）顺序码

顺序编码法将编码对象按顺序排列进行编号。顺序码比较直观，适宜于时序排列相对稳定的事物，但不宜于分层分类。例如，在记账凭证中，凭证日期和凭证编号都可用顺序码。

（2）组码

分组编码法将编码对象按数字顺序分组，以此来表示不同项目的区别。例如，在一级科目中表示会计科目的性质时可用组码法，规定"100~399"表示资产类科目，规定"400~699"表示负债和所有者权益类科目。

（3）层次码

层次码编码法指的是把所写的代码分成若干段，各段都有一定的位数，赋予其独特的意义。层次码常用于校验、分类和归并，其缺点是位数长，不便于记忆。会计科目中的二级科目和三级科目的分类可用这种编码方法。例如，某厂原材料设三级明细科目，则"原材料—有色金属—铜锭"可编码为1120304。其中，112为一级科目"原材料"代码，03为二级科目"有色金属"代码，04为三级科目"铜锭"的代码。

（4）密码

密码是指为了保密需要而设置的控制口令，可用计算机能识别的任何字符编码。

（5）助忆码

助忆码常用符号来编码，便于记忆。例如，用kg作为公斤的代码。

以上介绍的都是一些常用的方法，这些基础性的方法各有优点和缺点。在运用过程中，系统设计人员需要因地制宜，合理使用各种编码方法，建立一个完整的代码系统。

（三）输出设计

系统最后的结果是输出，在设计工作中，一定依靠管理条件明确输出，再根据组合的数据输入和加工。财会系统的输出不仅需要制作对外的会计报表，还得考虑内部平时所需的信息输出设计。输出设计有方式设计和输出格式设计两部分。

1. 输出方式设计

数据有打印、屏幕显示、光盘、软磁盘、磁带等一系列的输出形式。财会信息系统里最常用的是打印输出、屏幕显示输出和软磁盘输出。

（1）打印输出

打印输出的主要目的是符合外部（包括上级主管部门、财政、工商、税务、银行等部门）和内部业务管理方面的要求。需要打印输出的内容包括需要对外报送的一些会计报表，内部的总账科目试算表和日记账等。

（2）屏幕显示输出

显示输出以查询为目标。所有打印输出的内容都能通过显示方式输出。因表格内容复杂、格式不易设计等不适用打印输出的文件也能以显示的形式输出。显示输出具有提高查询速度和系统效率，减少时间和纸张浪费的特点。可以用于显示输出的会计信息有：为了查询需要的信息、凭证和明细账等。

（3）软磁盘输出

需要长期保存的数据文件，需要在子系统之间进行数据交换或者需要提供给其他管理信息系统或其他单位的数据文件，都可以采用软磁盘输出，无论其是否已经打印或显示。软磁盘输出能用较少的存贮空间代替纸张存贮大量信息，而且携带方便，使用方便。

2. 输出格式设计

（1）输出格式设计的原则

①格式必须满足使用者要求。

②最大可能是与原手工的格式相同，同时要将不合理的地方进行修改。

③一定要符合系统发展的条件，留有备用项目和数据长度。

④打印输出的报表格式必须标准、规范，屏幕显示输出要简洁明了。

（2）输出格式设计的细节要点

①凡是无意义的，都不要输出。

②决定数据位数时，要考虑编辑结果的最大位数。

③字符采用左对齐的原则，数字采用右对齐的原则。

（3）输出格式生成方法

输出格式生成有专用输出格式生成和通用输出格式生成两种方法。专用格式生成是针对要输出的某一种或某几种报表格式编写打印程序。通用格式生成并不具体规定要打印哪种格式的报表，而是按用户对报表格式的要求，随时产生用户所需要的报表格式。利用中文 Visual FoxPro 5.0 系统，可以很容易、很方便地对会计信息的输出格式进行设计。

（4）常用报表输出格式的设计

在会计业务中，经常需要打印输出的报表有工资结算表、总账科目试算平衡表、产品成本计算表、资产负债表、损益表等多种报表。

（四）输入设计

输入设计是把数据资源进行整合，并正确地输入计算机里，以满足数据处理和信息输出的要求。输入设计对整个财会信息系统的质量提升具有重要的意义。

输入设计包括分析输入数据的来源、做好输入设备的选择、输入格式设计和输入数据的可靠性设计等。

1. 输入设计的原则

输入设计应遵循下列原则：

①确保数据是完整的，符合输出条件，还要确保输出信息是经过加工的输入数据。输入数据的完整性直接关系到输出信息的完整性，也关系到整个财会信息系统质量的好坏。

②提高输入的可靠性。可靠性是财会信息系统的重要指标，数据输入一定要保证真实可靠，以满足会计制度的要求。

③输入方式要灵活、方便，输入速度要快。

2. 输入数据的来源

会计数据的特点是数量大、数据庞杂，所以，财会信息系统的输入数据来源有很多，总体主要有几个类型：

（1）外输入

作为系统基础性的输入，外输入包括了凭证输入、记账凭证输入等。

（2）内输入

内输入也就是计算机通信和存储系统所提供的输入。例如，把磁盘上的文件记录作为数据输入，把管理信息系统中销售子系统的数据作为会计子系统的数据输入等。

（3）操作输入

是操作人员提供的，主要指工作控制参数的输入。

3.输入设备的选择

输入设备的选择既要根据系统的需要,又要根据经济条件的可能及现有设备的情况。

在微机上运行系统一般是键盘输入和软磁盘输入,现在随着计算机技术的发展,出现了扫描、语音录入等设备,企业可根据具体情况选用。

4.输入格式设计

输入格式的设计非常重要,是实现数据录入高效、准确的一个先决条件。对输入格式设计的要求应做到:

①尽量不用填写项目,以固定项目、固定位数替换可变项目和位数。

②要用通用的格式,规范统一的录入格式不同的凭证,如收款凭证、付款凭证和转账凭证等。

③对于屏幕格式,应明确显示内容及其主次关系和出现频率。

5.输入可靠性设计

可靠性设计包括校验数据和修改错误两方面内容。

(1)校验数据

校码数据的方法很多,下面介绍常用的几种:

①目测法。用目测的方法,观察刚输入的屏幕画面上显示的数据与人工凭证上的数据是否一致,从而找出错误。由于长时间的目测容易使人疲劳,目测校验的有效率可能会降低。

②二次输入校验法。同一凭证先后二次输入,由计算机自动进行校验,如果二次输入的内容经过计算机逐条检验后完全一致,程序才会进入下一个处理步骤,否则就把错误之处显示出来供修改,修改后再进行校验,直到二次输入的内容完全一致为止。这种方法虽然输入的时间需要多一些,但校验的有效率较高,且从整个系统的效率来看,远大于其他校验方法,所以,二次输入法在财会信息系统中,特别是在账务处理凭证的输入中用得最多、最广泛。

③界限校验法。该方法主要用于检查某个项目的内容是否在规定的范围之内(或逻辑关系之内),凡超出此范围以外的数据,就认为其有错。例如,最大月份为12,最大日期为31日,如果输入的月份大于12或日期大于31则为错。又如,

会计常用的金额有效位为小数点后2位（即角、分），如果出现小数点后的第3位则为错。这种方法由于不可能将信息的全部逻辑关系都包括，因而有一定的局限性，校验的有效率也不是很高。

④平衡校验法。该方法在财会信息系统中用得比较多。它是利用有借必有贷，借贷必相等的原理进行校验的。

（2）修改错误

经过数据校验，检查出错误后，要及时修改错误，保证数据的正确性。为此，在输入过程中，必须设置如下编辑功能：

①增加功能。操作员在输入时，如果漏输了凭证上的某项内容，则可用此功能在编辑状态下补上。

②删除功能。操作员如果多输或重输了凭证上的某项内容，则可用此功能把多输或重输的内容删去；如果发现该凭证无用，则可用此功能删除整张凭证。

③修改功能。操作员在输入任一数据时，如果发现有错，则可用此功能修改、更正。

④插入功能。操作人员在操作时如果发现遗漏了某一张凭证，则可用此功能进行插入。

## 第三节　大数据时代财会信息系统实施

### 一、系统切换

在完成系统调试后，如果确认系统性能良好能转入正常工作，则可进行旧系统（手工会计作业系统）向新系统（电算化财会信息系统）的转换（切换）工作，让财会信息系统进入实际运行状态。

与财会信息系统运行密切相关的一个问题就是实际运行时间的选择。财会工作是以年度为循环周期的，以年初为起点，年内分月核算，逐月累计，直至年终，然后又是新一年的年初，如此周而复始。如果选定在年内而非年初进行实际运行，则需要整理录入系统的数据，同时新、旧系统在账目设计、工作流程等方面也难以协调配合。我们主张，如果要财会信息系统全面实现运行，那么时间最好选定在年初，在上一年年终决算之后，随即抢时间装上系统试运行。这样，很多账目只需整理录入年初数据即可，同时，手工账簿也可以根据系统设计要求进行适应性设置，以便人机协调工作、互相配合。当然，对于工资核算等子系统，考虑其核算是以月份为单位的，为了尽快发挥电算化系统的实效，在该子系统程序设计和调试之后，系统可以在任何月份进入实际运行，而不必拘泥于年初。

为确保财会信息系统较为平稳地运行和转换，必须做好以下准备工作：

### （一）建立健全信息系统全部基础性文件（数据库）

建立数据库的过程可分为两个阶段。首先是按照系统设计要求和数据库结构特点整理数据记录。由于整理过程包括一些统计口径的调整、单位的调整、项目的增删改等内容，要求进行这项工作的人员不仅要清楚知道系统对数据格式和内容的要求，而且还要知道手工系统文件中每一项内容的含义和表示，整理过程的错误会直接导致财会信息系统中基础数据的基础性错误，必须认真对待。稳妥的做法是，由系统开发人员书面确定各种数据信息的整理格式，并向有关会计人员解释清楚，由会计人员整理填写并认真加以核实。数据信息整理完成并核实无误后，接下来的工作就是数据录入。录入工作可通过系统对数据库记录的增删改功能设计进行程序化处理，也可简单地通过数据库语言提供的一些追加、插入、编辑等命令（如 Visual FoxPro 中的 APPEND、INSERT、EDIT、BROWSE 等）进行非程序化处理。录入过程要求相关人员细心和耐心，录入工作最好由系统操作人员（一般为财会人员）担任，系统开发人员负责指导，这样既提高了数据录入的准确性，又培训了操作人员。

在财会信息系统中，需要录入系统的数据信息是大量的。如果是年初实际运行时，需要录入系统的数量主要应包括会计科目和账目数据（一级科目代码、二级科目代码、三级科目代码、科目名称、年初余额等），产品数据（产品代码、产品名称、规格、单位、年初结存数量、年初结存成本、上年累计平均成本、计划单位成本、税率等），材料数据（材料代码、材料名称、规格、单位、年初结存数额、结存单价、高低限额存量等），固定资产数据（固定资产代码、名称、规格、使用日期、使用年限、使用部门、原值、已提折旧、净值、残值、折旧率），职工劳资信息和数据（职工代码、姓名、工作部门、职工类别、与工资计算有关的相对固定数据如标准工资、补贴、书报费等以及其他劳资信息，如性别、出生日期、参加工作日期、文化程度、技术职称、工种等），部门代码及其他代码信息，各种报表栏次项目等。

### （二）进行人员培训

人员培训是指对与财会信息系统运行有关的人员进行系统性培训。由于财会信息系统不仅涉及全体会计人员，而且还涉及购销、劳资、设备、生产车间等多个部门的有关业务人员，所以，这种培训不仅是全财会部门的，而且还带有全企业性质。当然，培训应有所侧重和针对性，对于财会部门的领导，主要向其介绍财会信息系统的基本原理和功能，人、机两个系统的区别，新系统运行过程中对管理基础工作的要求以及对有关部门和有关人员的工作配合上的要求，使其加强领导，改进基础工作，协调部门关系，更好地发挥其管理的作用；对于系统操作人员，主要是在提供操作说明书的基础上全面、详细地介绍财会信息系统的每个子系统、每个功能模块、每个环节、每个步骤、每个菜单的具体操作，说明正确操作的方法，同时也告诫误操作可能造成的后果，从而保证输入系统数据信息的正确性；对于其他会计人员，主要介绍新系统在运行过程中对人机配合上的客观要求以及有关凭证手工填写要求（比如记账凭证要填写科目代码等），使其更好地配合系统工作；对于其他部门的有关业务人员，主要介绍财会信息系统运行过程中对其送交财会部门有关单据凭证的填写格式内容、送交时间等具体要求。实际上，人员培训工作贯穿系统开发的全过程，在手工系统分析、电算化系统功能确定、代码设计、数据库设计、输入和输出格式设计等各个阶段，通过开发者与用户的不断磋商讨论，已经对有关人员进行了一定的培训工作。在系统试运行之前，需要在这个基础上进行全面、系统的再培训。

### （三）完善基础设施和基础工作

企业要根据要求，建设装备机房和相应机器设备，为财会信息系统创造一个良好的工作环境，还要建立一套保证系统正常运行的规章制度。要给系统操作人员和有关会计人员提供有关用户使用手册、系统操作指南以及会计科目、产品、材料、职工、部门等代码表，并使其了解和掌握相关内容。

在做好上述准备之后，就可以开始进行系统切换工作了。

系统切换一般有三种形式：

①直接切换，是指在某一时刻，旧系统立即停止工作，新系统随即投入运行。这样做能节省人员、设备费用，但这种切换方式具有很大的风险性，一般不要轻易使用，必须在新系统简单、有情况能够立刻补救的状况下才能使用。

②并行切换，意思是新旧系统共同运行，在一段时间之后，如果系统没有问题，则正式运行新系统。这种切换方式比较常用，比较保险，但比较忙乱，费用也比较大，因为在这段时间内两套班子在同时工作。

③分段切换，也就是把前两种方式组合起来。在新系统完全取代旧系统前，新系统分子系统甚至子系统中的功能模块逐步替换旧系统，其他子系统或模块可进行人机并行或模拟运行。这种方式避免了上述两种方法的缺点，降低了危险指数，所需资金不多，但会产生子系统或者模块间接口和数据采集的问题。

在现实中，切换财会信息系统，整体一次切换是不可以的，但是，花费很长时间的并行切换也并没必要。根据开发实践，我们认为，需要依靠子系统和功能模块的特点，并根据制度规范和企业核算工作的难易状况进行适当的切换。一些能直接进行的切换在一些情况下需要短时间（比如一两个月）的人机并行，然后再切换；另外一些切换就得在长时间（比如半年或一年以上）的人机并行后进行切换比较稳妥。具体来说，对于工资核算处理子系统，如果工资核算关系不是很复杂、系统开发人员已有先前开发该子系统的经验，那么，在进行子系统调试和模拟运行之后可以直接切换。在时间上，应在工资发放日之前的1~2天完成工资的电算化输入和核算，输出工资汇总表、部分职工工资计算单，进行手工计算核对，发现运算错误，应由开发人员及时进行程序修正。此外，报表处理子系统中的报表打印输出功能模块和账务处理子系统中的记账凭证输入后的科目汇总功能模块等，都可以在调试无误后直接切换，终止相应的手工作业。对于成本核算子系统，如果成本计算比较复杂，则最好人机并行1~2个月，相互核对，如果均一致无误，则可以进行切换。

财会信息系统切换中的关键一步是手工账本的废除，取消手工账本即"甩账"，是财会信息系统追求的最终目标之一，也只有通过甩，会计电算化工作才能发挥其应有的效益和优势。丢掉手工账本是一件十分严肃的事情，不能擅自简单进行。根据财政部有关文件的规定，实行甩账的企业单位应具备6个基本条件：

①会计核算软件必须符合《会计核算软件基本功能规范》里的规范。

②必须有电子计算机或者终端用于会计核算工作，同时必须由有经验丰富的工作人员进行使用。

③必须把电子计算机的会计核算和手工核算并行使用3个月以上，达到一致的效果。

④必须制定规范的操作管理要求，重点有以下几方面：

第一，工作人员具体的工作内容和个人权限。

第二，预防原始凭证和记账凭证等一些会计数据没有通过审核就输入计算机的办法。

第三，预防输入计算机的原始凭证和记账凭证等一些会计数据没有通过审核就登记账簿的办法。

第四，必要的上机工作纪律。

⑤必须规范硬件、软件管理措施，重点有：

第一，确保机房设备安全和电子计算机运行的办法。

第二，会计数据和会计核算软件安全保险的办法。

第三，完善会计核算软件的审批和监督办法。

⑥必须有完善的会计档案管理办法。

## 二、系统维护

系统在切换以后，就进入实际运行阶段，在运行过程中肯定会出现各种各样的问题，这就需要相关人员及时对系统进行维护工作。一般来说，有以下3种类型的维护：

①正确性维护，即改正在程序编写阶段产生、在测试过程中又没有发现的错误。

②适应性维护，即为适应软件的外界环境的改变（如微机升档或软件升级等），或者为适应企业财会业务的变化而进行的适应性调整。

③完善性维护，即为扩充功能或改善性能而进行的完善工作。

不管是哪一类维护，其内容都可能包括以下几个方面：

## （一）程序维护

程序维护也就是改写一些或者所有的程序，在一般情况下，以旧的程序为基础。程序维护可以对一些低效率或者操作不方便的程序进行完善。

## （二）数据维护

数据维护是指对于数据文件（数据库）的维护，主要是指不定期地对数据进行修改（不包括数据库的定期更新，如月末数据处理等），即按照用户要求，对有关数据库记录进行增删改等，如职工调入和调出、工资计算中相对固定数据的修改等，数据维护应通过专用程序进行处理。

## （三）机器维护

系统使用的计算机及其外部设备（如打印机、不间断电源、稳压电源等）保持良好的运行状态，是财会信息系统正常运行的重要保证。系统有关人员应在正确使用的前提下加强保养，定期检修并保证出现问题后能自行或通过维修单位及时修复，同时也应定期或不定期地查杀计算机病毒，防止系统受到病毒的侵袭和破坏，维持系统的正常运转。

计算机病毒是一种能通过修改程序把自身的复制品包括在内去"传染"其他程序的程序。更确切地说，计算机病毒是通过一些方法藏在计算机存储介质或者程序中，如果某个条件被激活，那么就会毁坏计算机资源的一组程序或者指令，也就是计算机病毒是能够被执行的程序，具有传染性、可触发性、破坏性和衍生性等特点。

计算机病毒通过运行的软件带动含病毒的软盘或者携带病毒的软件将病毒传递给计算机硬盘。软件在有病毒的计算机里运行从而被感染。

一旦传染病毒，系统就会出现异常现象：系统运行速度减慢，出现错误，出现异常响声；文件体积增大，磁盘容量突然减少甚至会毁坏系统主板。

对于病毒的治理，一是防毒，二是解毒。预防计算机病毒对系统的入侵是最根本的措施，病毒的预防可从两方面入手：一方面，从管理制度上为财会信息系统配备专用计算机，不准无关人员使用，需要定时检测计算机硬盘、软盘是否携带病毒，专用机不能运行有病毒的软盘，对特殊的软盘进行备份；另一方面，在技术方面采取措施，如装免疫软件、防病毒卡等。但是，病毒与防病毒在技术上是一对矛盾，技术措施总是相对、被动、不能完全解决问题。

建议实行会计电算化的企业要定期或不定期地对计算机进行病毒清理工作，以确保系统正常、安全地运行。这也是系统维护的一项重要工作。

## 三、系统评价

财会信息系统在投入运行之后，应对系统性能和开发价值作出评价。评价工作一定要由开发人员和用户共同进行，必要时还可以外请第三方相关专业的专家参与评价，以避免评价出现片面性。

评价时，首先应对财会信息系统进行计划符合性评价，即系统是否完成了系统说明书和设计任务书等所规定的全部功能，是否达到了系统既定的计划。这是系统正式交接和验收的根本标准。这方面的评价无论是对开发者还是对用户都很重要，必须认真进行。原则上，只要系统达到了双方书面商定的设计计划，系统的开发工作就算完成了。至于系统仍存有既定目标之外的不足之处是必然的，这只能由双方另行商讨，对系统进行进一步扩充、完善或者进行更高层次的深加工。

评价工作除了上述符合性评价外，还要从系统的技术性能和经济效果两个方面作出客观评价。技术性能评价应根据这几个方面展开：系统的可靠性、系统的安全性、系统的适应性、系统的通用性、系统的运行效率、系统操作使用的简便性、系统维护的难易程度等。经济效果评价主要从电算化系统所产生的直接效果（如节省人员、工资费用等）和间接效果（深化和强化了财务管理基础工作、使工作效率和质量都大大提高，让财会人员的记账算账的工作不再烦琐，能够去从事更高层次的管理工作等）两个方面来考虑。

# 第三章 大数据时代财务会计内部控制创新

本章内容为大数据时代财务会计内部控制创新，共三节，分别为财务会计内部控制概述、财务会计内部控制制度建设、大数据时代财务会计内部控制的创新路径。

## 第一节 财务会计内部控制概述

### 一、内部控制概述

#### （一）内部控制的概念

内部控制是一个组织为实现其业务目标、保护资产、保证会计信息的准确性和可靠性，以及实施策略以确保业务运营的经济效益和效率，在组织内部采取的一系列自我调节、限制、规划、评估和管理控制策略及程序和措施的统称。这是一个外来语，其理论基础逐渐发展成熟。在最初的阶段，人们认为内部控制可以分为两部分：内部会计控制和内部管理控制（内部商务控制）。内部会计控制的主要目标是保护组织的资产并确认会计数据的准确性和可靠性；而内部管理控制的主要目标是提高业务运营的效率并指导相关人员采用已设定的管理策略。然而，当学者们研究内部会计控制和管理控制时，他们逐渐意识到这两者实际上是密切相关、不可割裂的。于是，在20世纪80年代，他们提出了"内部控制结构"的概念。他们认为，一个组织的内部控制结构包含了所有旨在合理保证特定目标实现的各种政策和流程。同时，他们还明确了内部控制结构应该包括控制环境、会计系统和控制程序这三个要素。到了20世纪90年代，美国提出了"内部控制全面框架"的概念，西方学者对内部控制的理解开始逐步统一。这个全面框架为内部控制提供了一个全方位的视角，使得人们能够更全面、更深入地理解和实施内部控制。

美国反虚假财务报告委员会是一家专注于研究内部控制问题的机构，在1992年提出了名为《内部控制的整体框架》的报告。这份报告阐述了内部控制作为由公司董事会、管理团队及其他员工共同实施的流程，其目的在于提高业务活动的效果和效率、保障财务报告的真实性，符合法律法规。然而，尽管这个定义覆盖了广泛的范围，但还存在一些局限，如没有充分考虑保护资产的概念、对风险的关注度不够等。为解决这些问题，美国反虚假财务报告委员会在2004年10月进一步发布了《企业风险管理：整体框架》，为内部控制的定义提供了更加具体的指导。ERM的定义主要包含以下几个关键要素：一是被定义为一个过程，二是对人的影响，三是在制定策略中的应用，四是在企业的所有层次和部门中的贯彻，五是旨在识别并处理在组织风险承受能力内的可能影响，六是提供合理的保障，七是旨在实现各种目标。与1992年的报告相比，企业风险管理的理念更为细致和明确，强调了对保护资产的关注，明确纳入了纠正管理错误行为的控制活动，并引入了风险偏好和风险容忍度等新的概念，使企业风险管理的定义更加具体和清晰。所以，本章中的内部控制概念就是基于企业风险管理框架对内部控制的理解和定义。

**（二）内部控制的目标及作用**

1. 内部控制的目标

内部控制的目标是指内部控制对象应达到的目标或欲达到的效果。从内部控制产生、发展的过程看，早期内部控制的目标是比较狭隘的，多局限于资金和财产的保护，防止欺诈和舞弊行为。随着全球化的加速，企业兼并愈演愈烈，企业规模持续壮大，股权更趋于分散。因此，所有权与经营权的分离现象日益明显。现代企业的内部控制涉及企业运营的各个方面。内部控制的目标开始呈现出多样性，内部控制不仅包括确保财产的安全性和完整性、核实会计数据的准确性和可靠性，还包括推动企业执行经营策略和提高运营效率，这也符合公司治理对内部控制的要求。

内部控制可以设定三个目标：运营效率和效果、财务报告的可靠性、法规的遵守。然而，在2004年10月颁布的《企业风险管理：整体框架》中，除了维持原有的运营和合法性目标，将"财务报告的可靠性"扩展为"报告的可靠性"外，这个框架把报告的范围扩大到"内部和外部""财务和非财务报告"，从而包含了企业所有的报告。新的美国反虚假财务报告更是引入了一项新的目标——战略目标，这一目标比前三项更具深远意义。在实现其他三个目标的同时，企业的风险管理也应在企业的战略规划阶段发挥作用。

2. 内部控制的作用

在现代社会中，作为先进的组织内部管理体系的内部控制的影响力和重要性日益提升。企业内部控制的规范性、严谨性及其实施的效率，都将直接决定企业的成功与否，甚至影响企业的生存。内部控制成为提升企业经营成效，保持企业稳定发展的有力工具。对于大型企业，尤其是业务复杂的企业，内部控制的重要性更加突出。设立和优化内部控制，能够减少疏漏、失误和不当行为，同时可以激发员工的积极性，推动企业的有效发展。随着社会主义市场经济体制的完善，内部控制的功能将会不断扩大。目前，内部控制在经济管理和监督中起到的主要作用包括：

（1）提升会计信息的准确性和可靠性

在市场竞争激烈、变化多端的环境中，企业的决策层需要及时获取各类信息，以确保决策的准确性，并通过控制方式来提升信息的精确度和真实度。因此，建立内部控制系统可以提高会计信息的准确性和可靠性。

（2）确保生产和经营活动的顺利进行

内部控制系统通过明确职责分工，严格各种程序、规章、工作流程、审批流程、监控手段等，可以有效地保证组织的生产和经营活动按计划顺利进行，避免出现差错和不良现象，从而保证实现企业的经营目标。

（3）确保企业资产的完好无损

资产是企业运营和生产活动的重要基础。内部管理控制系统通过对现金流入、流出、结余以及各类资产的购置、验收、存储、使用、销售等各环节的严密控制，可阻止贪污、窃取、滥用和破坏等非法行为的发生，从而确保企业资产的完好无损。

（4）实施并执行企业的既定策略

企业的高级管理层不仅需要制定有效的经营策略、政策和制度，还要坚定地贯彻和执行这些策略。内部控制系统可以通过确立程序、审查批准、监督检查等措施，促使所有员工执行并遵守既定的策略、政策和制度。同时，内部控制系统也可以确保企业的领导和相关人员遵循国家的政策和法规，在遵守国家法律和法规的前提下，严格执行公司的策略。

（5）为审计工作提供坚实的基础

审计监督必须基于真实且可靠的财务信息来发现错误、揭示弊端、评价经济责任和效益。只有建立了全面的内部控制制度，才能确保信息的精确性和数据的真实性，从而为审计工作提供坚实的基础。总的来说，强大的内部控制系统可以有效防止资源的浪费和欺诈的发生，提升生产、经营和管理的效率，降低企业的成本和费用，提升企业的经济效益。

归纳起来，内部控制主要有以下作用：

一是统驭作用。内部控制系统作为企业管理的基础工具，涉及组织的各个环节和层次，企业有必要构建起一个全面的、立体的控制网，构建起由点到线，再由线到面的控制框架。因此，内部控制的功能不仅是各部门间的协调和整合，更是整体运作的调控和指导。这种调控功能表现在利用会计部门、统计部门、业务部门和审计部门的制度规划和相关报告，实现企业全面性和控制性的目标。

二是制约与激励作用。内部控制机制的存在，使得企业能够以既定规范和企业利益为标准，对各种业务活动进行有效监督和评价。它保证了企业经营活动的有序性，以求实现预定的目标。它所具备的约束性，对管理活动产生了规范和约束效果。同时，密切的监督和考核能够真实展现工作成绩，维持员工的情绪稳定，激发他们的工作积极性和潜力，从而提升工作效率，发挥激励作用。

三是促进作用。内部控制作为一个有效的管理工具，需要操作者按照企业设定的计划或政策目标，针对全体活动进行管理和监督。企业的管理者通过扬长避短，理解组织职能与各部门之间的互动关系，公平地进行检查和合理的评估，能够更好地进行业务管理。这就需要管理者在运用内部控制手段时，对制度设计、控制原则、业务部门的实际运行状态等进行深入了解，这样才能发挥出内部控制的真正作用，即促进管理目标的实现。

## 二、财务会计内部控制基础知识

### （一）财务会计内部控制的概念和目标

1.财务会计内部控制的概念和分类

（1）财务会计内部控制的概念

内部控制作为一项重要的管理职能和市场经济的基础工作，是随着经济和企业的发展而不断发展的动态系统。内部控制包括内部会计控制和内部管理控制两个子系统。内部会计控制是一项十分重要的管理手段，通过一系列制度的制定、工作组织的规划、程序的编排，以及采取恰当的措施，来保证会计主体的财产不受损失和有效使用，保证会计数据的完整、可靠，保证国家财经政策和内部管理制度的贯彻执行，作为内部控制的核心——会计控制尤为重要。

会计控制由"会计"和"控制"两个词复合而成。会计是经济管理的重要组成部分，是通过收集、处理和利用经济信息，对经济活动进行组织、控制、调节和指导，促使人们权衡利弊、比较得失、讲求经济效果的一种管理活动。经济的发展和经济活动的复杂，要求会计不断地强化对客观经济活动的调节、指导、约束和促进职能，也就是会计控制职能。控制是现代会计的一项基本职能，这已成为人们的共识，也是人们对会计认识由现象到本质逐渐深入的必然结果。会计控制是会计管理活动论的必然结果，也是会计管理活动论的重要内容。

根据上述控制的含义，将"财务会计"与"内部控制"结合起来，可将财务会计内部控制理解为：会计管理部门为使会计主体的资金运动达到既定目标而对约束条件所采取的一系列有组织的活动。它包括预测、决策，制定利润和成本目标，进行费用和资金预算及分解，组织实施、考核等环节。

（2）财务会计内部控制的分类

在按照控制主体进行分类时，财务会计控制可以被分成两大类：财务会计外部控制和财务会计内部控制。财务会计外部控制所指的是企业的外围实体，如国家机构、相关部门或中介机构，在得到授权或委托的前提下，对企业的会计操作和会计数据以及其反映的经济运行进行的一套审核和监督体系。而财务会计内部控制则涵盖企业设定并执行的一套控制策略、措施和流程，其目的在于提高会计信息的质量、保障企业资产的安全性和完整性，同时也确保相关的法律、法规以及制度的落实和执行。

财务会计内部控制的范围不仅限于狭义的会计控制，还包括对企业资产的控制，以及为了保护资产安全所实行的内部制衡。财务会计内部控制通常可以被分为以下三种：基础控制、纪律控制以及实物控制。

①基础控制。基础控制的主旨是通过一系列的会计活动和程序，确保所有合法的经济交易被全面且精准地记录下来。通过这种方式，我们可以在最早的时候发现并处理流程中或记录中出现的错误。这种基础控制机制是实现会计控制目标的首要途径，并且是其他会计控制工作的基础。基础控制主要涉及四个部分：凭证控制、账簿控制、报表控制和核查控制。

②纪律控制。纪律控制作为一种强有力的管理工具，主要是为了确保基础控制策略能最大限度地发挥其效能。这个复杂而重要的机制主要包括两个方面：内部牵制和内部稽核。

内部牵制是以任务分配的自我审查系统为基础的，通过合理的职责划分和业务流程组织，以便其他参与者可以审验和确认每项业务，从而实现互相制衡和观察。实施内部牵制的方法主要有两种。一种方法是纵向的，也就是说，每项经济事务的处理都需要通过上、下级相关人员的审核，这既能让下级接受上级的监督，也能使上级受到下级的制约。另一种方法是横向的，这意味着至少需要两个不相关的部门来完成每项经济事务的处理，从而让一个部门的工作或记录受到另一个部门的平衡制约。将不相容的职务分开是实现内部牵制的关键，不相容的职务指的是集中于一个人办理时，发生错误或舞弊的可能性就会增加的两项或几项职务。

内部稽核在广义上既包括由内部审计机构执行的内部审计，也包括由会计负责人和会计人员进行的内部审核。内部审计是一个独立的内部审查任务，主要目标是检查会计、财务以及其他商业活动，以便为管理层提供服务。内部审计是一种管理控制工作，其主要目的是衡量和评估其他控制工作的效率。与内部审计不同，内部审核是由会计负责人和会计人员进行的，他们在事前或事后，定期或不定期地检查会计记录，进行相互核对，以确保会计记录的准确性，这是一种内部控制机制。

除了内部牵制和内部稽核，纪律控制还包括公司领导、其他横向职能部门以及所有员工的内部监督。这是为了确保公司的高效运营,减少错误和欺诈,保障公司的健康发展。

③实物控制。实物控制是为了维护企业实体资源的安全性和完整性而进行的一系列操作。这个过程主要涵盖了以下几个关键领域:

第一,确立严谨的物品入库和出库流程。

第二,构建安全且科学的资产保管体系。在此体系中,安全保管需要在库房选择、设备设置和安保等方面设立明确的规章制度;科学保管则需要对各类物资按类别储存在指定的库房内,并且在需要的时候进行科学编号,这样方便发放物资和盘存。

第三,财产物资应实施持续盘存制度,以便随时在账本上反映出余额。

第四,确立完备的财产清查机制,有效处理在清查过程中出现的问题。

第五,构建完整的档案管理体系等。基础控制、纪律控制和实物控制三者之间相互联系,是一个不可分割的整体,忽视任何一方面都将影响其他控制的有效性。

总的来说,基础控制主要是确保会计信息的准确性,实物控制主要是保护财产物资的安全和完整,而纪律控制则是实现前两者的重要保证。

2. 财务会计内部控制的目标

目标是指人们在从事某项活动时预期所要达到的境地或结果。任何管理行为都是有目的的行为,财务会计内部控制作为一项管理活动也不例外。财务会计内部控制的目标是指内部控制对象应达到的目的或欲达到的效果。我国财政部颁布的《内部会计控制规范——基本规范》中明确指出,内部会计控制应当达到以下目标:

①规范企业财务管理行为,确保会计信息的真实性和完整性。

②防范风险,消除隐患,有效识别、预防和纠正错误与不正当行为,维护企业资产的安全性和整体性。

③保障国家相关法律法规以及企业内部规章制度的落实执行。

这些目标从内部控制的视角反映了各个利益相关者的期望,但是,随着企业体制的建立和发展,仅仅从这三个维度去考察财务会计内部控制的目的是不够全面的。在现代企业体制中,股东(所有权拥有者)与管理层(实际运营者)之间存在着利益冲突、信息不对等和合约不完善的"三大难题"。会计作为信息系统，在现代企业管理中发挥着重要的信息提供者的作用，成为股东干预和控制管理层的重要手段之一。然而，由于存在"内部人控制"的情况，会计信息的产生在很大程度上由管理层控制，他们可能因考虑个人利益，编造不实信息来误导股东。

因此，在现代企业管理架构下，内部会计控制的责任就是要平衡股东和管理层之间的利益冲突，寻找他们之间的平衡点。其基本目的应该是加强企业内部的运营管理，提高企业的运营效率，实现企业价值的最大化。提高企业的经济效益和实现价值最大化既是股东控制管理层的一个目标，也是管理层实施其经济责任的目标。在现代企业管理架构下，只有根据这个基本目标构建内部会计控制，才能真正发挥其应有的作用。

### （二）财务会计内部控制的原则、内容和方法

#### 1. 财务会计内部控制的原则

企业在构建和应用会计控制系统时，必须遵循特定的原则和基本法则，这些原则和法则被统称为财务会计内部控制的原则。在设定这些原则时，需要以会计控制的目标为基础，并要确保原则的设定有助于达成这些目标。另外，这些原则还应有助于提供明确的会计控制策略，以保证会计控制系统的顺利运行和控制任务的顺利进行。根据会计控制在现代企业管理结构和企业内部管理中的位置，可以总结出以下的关键原则：

（1）法律遵从性原则

在设计和实施财务会计内部控制时，必须严格遵守国家的法律和法规，同时还需要考虑企业内部的实际情况。

（2）普遍约束性原则

这个原则强调财务会计内部控制系统必须对企业内部的每一个成员都产生约束，并且必须被无条件地遵守，没有任何人能够超越它。一旦企业财务会计内部控制系统实施，无论是单位负责人还是一般员工都必须遵守。单位的管理层，特别是单位的负责人，必须作出表率，积极宣传，创造一个积极的氛围，激发所有部门员工的积极性和主动性，以确保财务会计内部控制系统能够得到全面的遵循。

（3）全面性原则

会计控制涉及对企业内部所有与会计相关的活动的综合性监督，并非仅对会计工作质量的片面控制，因此，不能只关注会计方面，而忽视了其在整个管理职能中的作用。在设计会计控制系统时，需要将会计作为核心，覆盖生产、运营和管理等所有环节，实现全方位的控制。

（4）重要性原则

企业的高级管理人员必须把精力集中在那些在业务处理过程中起重要作用、影响广泛且对确保整个业务活动的控制目标至关重要的关键控制点，只要掌握这些关键点，就能掌握整个大局。因此，重要性原则的核心是识别和选择关键控制点，进行重点控制。

（5）内部平衡监督原则

内部平衡监督是指在不同的部门间、不同的员工间和不同的岗位间形成的互相验证、相互制衡的机制。这个原则的核心特征是责任的分配，即没有一个人或一个部门能够完全独自处理任何一项或多项商务活动，而必须通过其他部门或人员的复核和确认。从纵向来看，这至少需要两个级别的审核，下级受上级的管理，上级受到下级的制衡，每个级别都需要考虑可能的后果，不能轻易冒进。从横向来看，这至少需要两个相互独立的部门或职位，使一个部门的工作或记录受到另一个部门的牵制，实现相互监督和制衡。

在设计会计控制系统时，系统设计人员应该保证所有涉及企业内部会计机构、职位设置和职权划分的事项，都遵循不兼容职务分离的原则，确保不同机构和不同职位间有清晰的权责分配、相互制衡和互相监督。

（6）成本效益平衡原则

成本效益平衡原则是经济活动的基础原则。组织在建立和执行会计控制的过程中，所花费的成本不应超过由此带来的收益，即要求以最低的控制成本获取最大的经济利益。在设计会计控制系统时，管理部门需要有选择性地进行控制，同时也需要尽力减少由控制所产生的各类消耗。

（7）灵活的信息反馈原则

任何企业的会计控制设计都是基于特定的内、外环境以及正常的商业活动，其效力可能会因环境的改变和业务性质的转变而削弱或失效。因此，必须对当前会计控制中的弱点或存在的缺陷，以及那些不再适用的规章制度、策略、手段等进行修正和完善，以确保其有效性。

2. 财务会计内部控制的内容

根据《内部会计控制规范——基本规范（试行）》的内容，主要的内部会计控制包含货币资金、采购与付款、销售与收款、工程项目、对外投资、成本费用、担保等关键经济活动的会计监管。

（1）货币资金控制

货币资金是企业资产的重要组成部分，是流动性最强的一种资产。因此，货币资金的管理自然是内部控制的重点内容之一。对货币资金的控制，最主要的目标是保证货币资金的安全、完整。企业应建立良好的货币资金内部控制制度，以保证因销售等应收入的货币资金及时足额回收，并得以正确地记录和反映；所有货币资金的支出均能按照经批准的用途进行，并及时正确地予以记录；库存现金和银行存款等记录报告准确，并得以恰当保管；正确预测企业正常经营所需的现金收支额，确保有充足又不过剩的现金余额。

（2）采购与付款控制

各企业需在设定采购与付款业务的相关部门与岗位时，合理进行规划；应搭建健全的采购与付款业务的财务控制流程，并在申购、核准、合同签署、购买、验收和付费等环节增强财务管控，以避免在采购过程中出现任何缺失，从而降低购买过程中的风险。

（3）销售与收款控制

在设定商品或劳务的定价准则、信誉标准和收费方式等销售政策时，企业应尽可能充分利用财务部门和员工的作用，增强对合同签署、商品发放和账款回收等环节的财务管控，以尽可能避免或降低坏账损失。

（4）工程项目管控

企业必须设立合规的工程项目决策流程，明确相关部门和员工的职责权限。需要设立针对工程项目投资决策的责任体系，增强对工程项目预算、招投标、质量管理等环节的财务管控，以防止决策错误及在工程的承包、施工、验收等过程中出现的不正当行为。

(5）对外投资管控

各单位需要建立合规的对外投资决策制度和流程，通过实行重大投资决策集体审议签字等责任体系，增强对投资项目立项、评估、决策、执行、投资处理等环节的财务管控，严格控制投资风险。

（6）成本费用管理

企业需设立成本费用控制系统，做好成本费用管理的所有基础工作，制定成本费用标准，分析成本费用指标，控制成本费用的差异，考察成本费用指标的完成情况，落实激励和惩罚措施，降低成本费用，提升经济效益。

（7）担保业务管控

企业应加强对担保业务的财务管控，严格控制担保行为，建立担保决策流程和责任体系，明确担保的原则、标准、条件、责任等相关内容，加强对担保合同签订的管理，及时了解和掌握被担保人的经营和财务状况，防范潜在风险，避免或减少可能发生的损失。

3. 财务会计内部控制的方法

内部控制方法是执行内部控制时所采用的策略、行动和流程。根据各类经济事务和控制需求，可以选择多种不同的内部控制手段。即使面对相同的经济事务，不同的组织和不同的时间段也可能作出不同的控制策略选择。此外，针对同一经济事务或控制需求，也可以选择几种不同的控制方法并行。

《内部会计控制规范——基本规范》中明确指出，财务会计内部控制的方法主要包括职务分离控制、授权批准控制、会计系统控制、预算控制、财产保全控制、风险控制、内部报告控制、信息技术控制等。

（1）不相容职务分离控制

该控制手段强调根据职务分离原则，合理安排会计及相关岗位，明确各岗位的职责和权限，以建立互相制约的机制。

"不相容职务"是指由一人同时担任，可能产生错误或舞弊行为，并且有可能掩盖这些错误或舞弊行为的职务。换句话说，如果对不相容职务不采取分离措施，那么可能引发诸如舞弊等问题。例如，批准和实施物资采购的职务就是不相容职务。如果由同一人执行，那么这个人就有权力决定采购什么、采购数量，并决定采购价格和采购时间，而没有其他职位或人员对其进行监督和制约，这就可能导致舞弊行为。职务分离的核心理念是"内部制衡"。因此，在设计和建立内部控制制度时，组织首先需要确定哪些岗位和职务是不相容的，并明确各部门和岗位的职责和权限，使不相容的岗位和职务可以相互监督、制约，建立有效的制衡机制。不相容职务主要包括授权批准、业务处理、会计记录、资产保管、稽核审查等，企业应根据职务分离的原则，合理配置会计和相关岗位，明确职责和权限，以实现互相制衡的效果。

（2）授权批准控制

执行管理通过授权批准控制确保企业在进行各种经济活动时严格遵守所设定的流程。这种管理方法强调对涉及财务和相关任务的审批和认证的界定、权限、过程和责任等方面作出清晰的规定。单位内部各层级的管理人员都需在给定的权限范围内行使权力并承担责任，同样地，执行者也必须在其权限范围内完成工作。

授权批准的形式一般包括常规授权和特殊授权。常规授权通常用于处理日常的经济事务，其规定通常以文档形式出现在管理部门中，或者在经济事务中规定日常交易的条件、界限及对这类交易的责任关系。特殊授权则用于处理非常规性的交易事件，如重大的筹款行为、投资决定、资本支出和股票发行等需要审批的事项。特殊授权也可以适用于超出常规授权限制的日常交易。

（3）会计系统控制

会计系统控制要求企业根据《会计法》和国家统一的财务制度，构建符合其自身的财务管理体系。这要求明确财务证据、财务账本和财务报告的处理流程，建立并优化财务档案的保管和财务工作交接的方法，实施财务人员的职责制度，最大限度地发挥财务的监督作用。会计系统控制主要是通过记录、汇总、分类和报告对财务主体产生的各种可用货币计量的经济事务进行控制。其主要内容包括：

①构建财务工作的责任岗位制度，对财务人员进行科学合理的任务分配，以实现相互监督和约束。

②会计业务处理流程。

③设计良好的凭证格式，规定合理的传递流程。

④账簿格式、登记规则和程序，账簿体系和勾稽关系。

⑤报表格式、体系、勾稽关系，编报要求和方法、结账规则和程序。

⑥会计科目体系及核算内容的说明。

⑦成本计算方法及核算程序。

（4）预算控制

预算控制是一种关键的内部控制机制，强调在企业中对预算制定、执行、分析和评估等步骤进行强化管理。它主张明确预算项目的设定，制定相应的预算标准，并对预算的编制、审查、发布和执行过程进行规范。同时，这种控制机制强调要及时地对预算差异进行分析和控制，并根据需要采取相应的改进策略，以确保预算的有效实施。在这一机制下，预算内的资金管理由责任人进行限额审批，超过限额的资金需通过集体审议，以严格约束无预算资金的支出。

（5）财产保全控制

财产保全控制主张对财产进行严格的控制，防止未经授权的个人直接接触和操控财产。为了确保财产的安全，这种方法采取定期盘点、建立财产记录、账实核对购买财产保险等措施。财产保全的关键包括接近控制、定期盘点、妥善保管会计记录和保险。

接近控制主要指的是严格限制非授权人员对资产的接触，只允许经过授权的人员处理资产。这种控制包括限制对资产本体的接触以及通过文件审批的方式间接管理资产的使用或分配。通常，对于现金、证券、存货等容易变现的资产，应严格限制非相关人员的直接接触。

定期盘点就是周期性地对实物资产进行清点，并将清点结果与会计记录进行对比。如果盘点结果与会计记录不一致，则可能意味着资产管理出现了错误、浪费、损失或其他非正常现象，此时应及时采取必要的措施加强管理。妥善保管会计记录首先要限制接近会计记录的人员，其次应妥善保存，减少会计记录被盗、被毁的机会，再次对重要记录要备份。保险是指通过财产保险减少损失。

（6）风险控制

一般强调企业单位应加强对风险的深度认知，对所有可能的风险点进行详细识别，并构建一个强大的风险管理框架。这个框架需涵盖风险警示、风险鉴别、风险评定、风险解析、风险报送等关键环节，以确保在财务和经营层面全方位地防范和把控风险。

（7）内部报告控制

一般要求所有企业、单位搭建并优化内部报告流程，全方位展示经济活动的实时状况，及时传递业务活动中的关键信息，以提升内部管理的针对性和效率。

（8）电子信息技术控制

一般提倡使用电子化信息技术手段搭建内部会计控制体系，减少或消除人为操作带来的偏差，确保内部财务会计控制的有效执行。同时，需要加强对财务会计电子信息系统的开发、维护、数据输入、输出、文件存储和安全等方面的监管。

电子信息技术的控制主要包括两个方面：首先，实现内部控制的电子化，目标是尽可能减少或消除人为操作的干扰，转变为由计算机和网络进行管理和控制；其次，对电子信息系统的监管，具体来说，既要加强对系统开发、维护人员的监管，同时也要加强对数据、文字输入、输出、保存等相关人员的监管，以确保电子信息系统和网络的安全性。

## 第二节 财务会计内部控制制度建设

### 一、财务会计内部控制制度建设的特征

通常一套有效的内部会计控制制度至少应具备以下几个特征：

#### （一）具有标准性

财务会计的内部控制制度必须包含用于评价和考核的度量准则，这种准则不仅能评估个体以及各职位的工作表现，还能评估和测试财务会计内部控制制度的有用性和效能。

财务会计内部控制制度的标准可被分为两大主要类别：定量标准和定性标准。

1.定量标准

定量标准主要包括实体标准、价值标准和时间标准。实体标准包括产出量、销售数量等，价值标准包括成本、销售收益、盈利等，时间标准包括工时配额、项目期限等。

2. 定性标准

定性标准通常难以被量化，如评估组织结构的合理性通常很难进行量化。然而，为了定性标准更易于理解和掌握，有时需要尽可能地采用可测量的方法来建立有效的控制标准。在构建财务会计内部控制制度时，管理者首要的任务是确立和设定内控制度的目标和度量准则，并为每一项具体的工作任务设定明确的时间、内容和要求等，应包括全面、概括性的目标和具体的分项目标，如营利计划、时间配额、标准成本等，以保证财务会计内部控制制度的全面效益。因此，一方面，要尽量建立客观的评价方法，使用量化的方式来记录和评估绩效，尽可能将元素具体化；另一方面，管理者需要从企业整体的角度来审视和分析问题，避免个人的偏见和成见，尤其是在绩效评估阶段。

### （二）具有适用性

财务会计内部控制制度并非一刀切，因为各企业、单位的运营目标、属性、特点和具体职责多样，其规模、架构、员工组成和素质也有显著差异。大中型企业和小型企业的组织形态和运营业务的差异，决定了其财务会计内部控制制度复杂程度的不同。因此，在构建财务会计内部控制制度时，管理者既要考虑当前时期的国家经济发展状况和宏观调控政策，更应依据业务特征和实际环境因素。企业不能简单地模仿或者盲目地采用他人的方式，否则将影响财务会计内部控制的效能。

### （三）具有全局性

企业就是一个完整的有机体，而财务会计内部控制作为管理流程的一环，应与总体的管理过程紧密相连，同时对整个组织的管理行为进行有效的监督和约束。因此，当在设计和执行财务会计内部控制制度时，管理者需要从全局的角度思考，兼顾企业整体的最大利益。管理者应注重控制制度的完备性和协同性，通过有效地组织和协调各种业务活动，以及相关各方的协作，共同实现企业的全面目标。要保证各个责任中心的目标与总体目标一致，让每个责任人的利益与单位的整体利益保持一致。

## 二、财务会计内部控制制度的设计重点

### （一）以防为主，以查处为辅

企业设立内部控制制度，根本目标是防止运营管理过程中的无效行为和非法行为。评价一项内部控制制度优劣的首要指标是其防范错误和欺诈的实际效果，其次考虑对已经发生的不法事件的揭示和处理能力。预防性控制作为一种事前和事中的监管方式，包含在组织管理、人员管理、程序管理、纪律管理中制定和执行的所有政策、规则、预算、程序、流程等措施。

预防性控制首先是明确商业活动的规则和程序，同时在企业内部制定相关的章程和制度，以保障商业活动能够有序进行，尽可能地避免经济运行过程中的错误、欺诈或浪费现象。例如，选用值得信赖且有能力的员工、设定职责分工以防止故意的越轨行为，明确授权以防止资源的不当使用，实施实物资产控制以防止资产的不当转化或占有。在执行预防性控制时，必须预见错误发生的可能性及其可能带来的影响，并根据具体错误的特性采取有效的措施，尤其是多措施和综合措施的使用。

在强调预防为主的同时，必须加强内部审查、内部审计等力度，增加对事后非法或低效率行为的查处力度，从多角度、多渠道修补制度漏洞，以充分发挥制度的控制效果。例如，企业在成本控制中，根据先前设定的成本目标或既定的标准和预算，对企业各责任中心的日常生产经营活动，采用特定的方法进行严密的计量、监督、指导和调整，并根据偏差情况，及时采取有效措施来指导和调整行为。事后的查处通常是在错误或问题发生后才进行检查或采取行动，其所造成的损失往往无法挽回，只能对未来的业务产生一定的益处。在设计内部控制制度时，管理者应重视预防性控制的事前和事中的引导和纠正作用，努力降低错误和欺诈的发生率及其造成的损失。

### （二）注重选择关键控制点

对于管理工作，识别并掌控关键控制点是非常关键的能力。在内部控制设计领域，有很多已被广泛采用并取得了显著效果的方法，如网络计划技术（也称为计划评审技术）和价值工程（Value Engineering，VE）。各个企业的管理者可根据

实际需求自行挑选最适合的方法。在决定关键控制点时，还需考虑如下环节：

1. 选择关键的成本费用

项目的成本控制系统是企业内部会计控制系统的核心组成部分，它的合理性和效能直接影响企业的经济收益。然而，随着市场竞争的激化和产品生命周期的缩短，尤其是在现代制造业中，企业的内部成本控制应逐渐从事后转向事前，通过经营预测和价值工程活动，对产品的成本和功能进行深入研究，找出成本高或有最大节约可能的产品或项目。然后，应用因素分析法，识别主要因素和次要因素，将影响成本和费用的主要因素确定为关键控制点，并采用合适的控制策略，以确保产品的必要功能和降低产品的生命周期成本，同时满足消费者需求，提升企业产品的市场竞争力。

2. 选择关键的业务活动或关键的业务环节

应着重选择那些对企业竞争力、盈利能力有重大影响的活动或最易发生错误与舞弊且可能造成重大损失的环节进行监督和控制。在一般情况下，可将单位的主要业务分解为以下几个循环：销售与收款循环、采购与付款循环、生产循环、工薪循环、筹资与投资循环，以及其他重要业务，如货币资金等。

3. 选择主要的要素或资源

人力、财力、物力、时间和信息技术等是企业生存和发展的基础资源或要素。在知识经济时代，人力资源和信息的重要性更为突出。市场竞争最终是人才竞争，企业的发展需要有合适的人才作为支柱，而物流是企业最基本的业务活动，信息是企业决策的关键依据，技术是企业生产和运营的关键保证。所有这些要素共同构建了一个有机的系统。在挑选关键的资源或要素时，必须确保能够抓住问题的症结，选择的标准应是对企业的竞争力和盈利能力产生重大影响或具有较大的节省潜力。

不同的经济活动有不同的关键控制点。在某一经济活动中可能被视为关键控制点的，在其他活动中可能就是一般控制点，反之亦然。管理者应根据管理或内部控制目标的具体要求、业务活动的类型和特性等因素来选择和确定内部会计控制的关键控制点。

## 三、构建企业财务会计内部控制体系的思路

### （一）建立内部会计控制制度

**1. 适当的内部单据**

为了准确记录所有部门的工作，设计合理的表格和单据制度是必要的。如果制度不完善，就无法有效地记录或控制各业务部门的工作。内部所填制的单据可以为控制资产从一个部门到另一个部门的会计责任文件的副本提供凭证追踪，如果在部门间转移资产时出现任何短缺，那么这些凭证就会成为追究责任的关键。

内部单据如果由利益相互对立的两部门共同参与编制，则其可靠性就将大为提高。例如，生产部向存储部领取原料，生产通知单上经两部门的职员分别签字、盖章。后者具有"查明通知单上数量并未少列"的动机，否则就须承担货品短少的责任；同时，生产部也具有查明"记入制造成本的原料并未多列"的意愿。

**2. 文件的顺序编号**

将文件加以顺序编号是普遍适用的内部控制方法。连续数字控制了所发文件的号码，支票、销货发票、订货单、股票及许多其他商业文件都应按照这种方式加以控制。某些文件（例如支票）或须按月或按周检查所发文件的编号中每一个号码，其他像顺序编号的单据，只要注意每天所发的最后一个编号，就可凭借计算当天发行单据的总面值达到控制的目的。未曾发出但已预先编号的单据，应该随时加以适当的保管和运用数码控制。

**3. 会计科目表**

会计科目表就是将所使用的账户（会计科目）加以分类后编列成表，并附有每一账户内容、目的的详细说明。在许多的情况下，账户分类不过是一份清单，分别列举即将在财务报表中出现的项目。比较好的方法是将会计科目表当作内部控制的工具，其中分设各类账户以记载职员、主管的个别责任。例如，零用金应单独由一位职员保管；如果利用账户以衡量个别责任，则应就零用金部分单独设立账户。

**4. 会计方针和程序手册**

每个商业组织，无论大小，都需要一套系统化地处理、记录和收集交易信息

的规定步骤。这个过程需要以文字进行描述，并以可修改的活页图表的形式打印出来，以适应流程的变化。会计程序以书面载明，管理层的决策才能有效地贯彻实施。同类交易事项的统一处理为产生可靠的会计记录、报表所需要，而交易的统一处理也只有在全体职员完全熟悉日常交易事项的标准处理程序后才有可能。

5. 财务预算

美国注册会计师协会（American Institute of Certified Public Accountants, AICPA）在系统编拟预算指导中表示，企业的财务预算就是对未来一期（或多期）最可能的财务状况、经营成果和财务状况变动的估计，因而可成为管理当局评估实际绩效的标准。

最简单、最普通的预算形式就是现金预算，即财务主管按照收入来源和支出目的，预算大约在1年内现金收付的流动情形。现金预算的主要目的是确保随时备有足够的资金可供偿还到期的债务。此外，明确预期收入的来源和去向，可以使截留收入的欺诈舞弊易于被揭发。同样地，详细计划现金支出也可威慑任何尝试篡改现金支付记录和可能盗用公款的人员。

较为广泛的预算包括：

①销售预算，包括按产品别、地域别的销货估计——根据以往销售业绩的分析、价格和营业量的目前趋势，以及对于新产品、销售区和推销术的评价而拟编。

②生产预算，按照销售预算所需要的数量，详细列举各项产品所需原料的数量和成本、人工以及在某种产量下的间接费用。

③销售成本预算，配合预定销售量并按产品、区域，估计销售成本、广告、运输、赊销、收账和其他费用，分别列作变动、半变动、固定等成本。

④厂房设备预算，包括取得新设备、保养现有设备的估计所需金额。

⑤现金预算，包括现金收入、付出、短期投资、借款、偿债的估计。

⑥财务预算，包括期间内的估计损益表、资产负债表和财务状况变动表。

整套预算是由编制下年度预计财务报表的汇总而成，并附有企业中各单元（诸如各区域、各部门或分支机构）的详细分析。在下年度，会计应按月编制损益表，以比较预算数字和实际经营的结果。对于两者间的重大差异，应附详细的解释并将差异的责任予以认真的确认。

总之，预算是一种控制工具，借此可以建立整个企业明确的绩效标准。如果未能达到标准，则应通过差异报告提请各相关阶层的管理人员注意。

**（二）财务风险的控制**

企业所面临的风险可分为经营风险和财务风险。经营风险是企业在没有使用债务，或者不考虑投资来源中是否有负债的情况下，企业未来收入的不确定性，直接影响资产的运营效率。财务风险是指因为债务筹资引发的不能按时偿还债务的可能性。由于筹资方式的不同，财务可能表现为偿债压力的大小并不一致。对于股权资本，由于它是企业长期占用的资金，不存在偿还本金和利息的压力，因此，它的偿债风险也不存在；而债务资金需要偿还本金和利息，不同期限、不同金额、不同资金使用效益的资金的偿债压力也是不同的。

因此，风险控制的一项重要内容是如何确定不同债务筹资方式下的风险，并据此进行风险的回避和管理。

由于财务风险是针对债务资金偿付而言的，因此，从风险产生的原因上可将其分为两大类：一类是现金性财务风险，是指企业在特定时点上，现金流出量超出现金流入量，而产生的到期不能偿付债务本息的风险。另一类是收支性财务风险，是指企业在收不抵支的情况下出现的不能偿还到期债务本息的风险。针对不同的风险类型，规避财务风险主要从两方面着手：

1. 现金性财务风险

应注重资产占用与资金来源间合理的期限搭配，搞好现金流量安排。为防止企业在采取债务融资策略时，因无法按时偿还债务而引发的风险，并进一步提升资本盈利率，在理论上，一种有效的方式是将借款期限和借款周期与企业的生产与营运周期相匹配，那么企业就可以利用这种方式来满足企业经营所需的资金。根据资产的使用期限，安排和筹集相应期限的债务资金可以有效降低风险。

2. 收支性财务风险

①优化资本结构，从总体上减少收支风险。收支风险大，在很大意义上是由于资本结构安排不当形成的，如在资产利润率较低时安排较高的负债结构等。在资本结构不当的情况下，很可能由于出现暂时性的收不抵支，使企业不能支付正常的债务利息，从而到期不能还本。因此，优化资本结构可从两方面入手：一方面，从静态上优化资本结构，增加企业主权资本的比重，降低总体上债务风险；

另一方面，在动态上，从资产利润率与负债利率的比较入手，根据企业的需要和负债的可能，自动调节企业的债务结构，加强财务杠杆对企业筹资的自我约束。

②优化企业的经营管理可以实现盈利增加，效益提升，并减少财务风险。不论企业债务的总额还是期限长度，只要企业具备良好的盈利能力，通过精细的经营和效益提升，企业的财务风险就能有效降低。

③实施债务重整，降低收支性财务风险。当出现严重的经营亏损，收不抵支并处于破产清算边界时，企业可以通过与债权人协商的方式，实施必要的债务重整计划，包括将部分债务转化为普通股票、豁免部分债务、降低债息率等方式，以使企业在新资本结构基础上，起死回生。

### （三）优化内部会计控制的环境

#### 1. 营造外部环境

内部会计控制制度建设，企业是重点，国有企业是重中之重。因此，营造外部环境，首先，从政府角度，对内部会计控制制度的制定、指导、督查和处罚等加强调控。审计、税务、工商行政管理、银行及主管部门等无须介入，以免再度形成多头管理、重复检查等现象。其次，社会中介机构要把对企业内部会计控制制度的检查作为查账的重点，并作出客观、公正的评价，但没有处罚权。反过来说，如果社会中介机构所作的评价不够客观、公正，应给予其适当处罚。同时，要充分利用会计控制的作用，需要对当前的会计管理体制进行改革。这可能涉及由企业所有者指派财务总监来领导会计部门并从事会计工作，财务总监对所有者负责，而会计人员对财务总监负责。企业的业务运行将由运营管理者全权负责，财务总监和经营者将相互配合、相互监督。通过财务总监，实现所有者与经营者之间的激励兼容。在财务总监负责的会计管理体制下，会计控制的范围不只是账目、凭证、报表的互相核对与审查，还应包括业务流程的标准化设计与控制，不同部门之间的职责划分，事后的复核与分析控制，财产的清查核对控制。除此之外，根据企业业务特性和管理战略，企业还可以设置其他必要的控制点。通过关键控制点的有效运行，保障所有者的权益，使会计信息的提供具有相关性和可靠性。

## 2. 营造内部环境

完善企业治理结构也是必要的，这需要设计出一种激励和约束并存的机制，以保障所有者的权益。这种机制需确保经营者的行为与所有者的目标尽可能一致。所有者可以通过业绩评价来约束经营者，或者通过董事会利用企业章程来规定经营者的权限范围，甚至可以派出监事会直接监督经营者的行为，以保障所有者的权益。对经营者的激励可以采取年薪制和股票期权计划，以此让经营者的利益与股东的利益相结合。营造一个良好的企业氛围，具体包括：

①员工诚实，有正确的道德观，企业有描述可接受的商业行为、利益冲突、道德行为标准的行为准则。

②员工具有胜任工作、适应企业管理要求的能力。

③企业设有董事会或审计委员会，且独立于管理层。

④企业有正确的管理哲学和经营方式，如管理层对人为操纵的或错误的记录的态度。

⑤企业建立的组织结构，能够使信息到达合适的管理阶层。

⑥企业有明确的授予权利和责任的方式，如关键部门的经理的职责有充分的规定。

⑦设有人力资源政策，并得以贯彻实施，如有关于雇佣、培训、提升和奖励雇员的政策。

提高管理者的专业管理知识，企业内部会计控制水平的高低在很大程度上取决于管理者的管理水平，管理者的管理理念和管理风格决定了企业的控制方式。

对内部会计控制人员进行知识更新和技能提升也是至关重要的。财务团队必须能够担负起内部会计控制的责任，不断更新知识，提高技能，只有这样才能使内部会计控制得以完善。此外，内部控制主要是对人的管理，需要相应的知识和协调能力。为了培养这种全能的人才，企业需要采取措施，邀请相关专家、学者和企业家交流内部控制建设的理论和实践经验，借鉴先进企业的做法，同时对相关人员进行培训。

## （四）提高会计人员的业务素质和职业道德

### 1. 提高会计人员的业务素质和职业道德的重要性

提高会计人员的业务素质和职业道德，是治理会计信息失真、使会计控制有效发挥作用的重要条件。所有的内部控制都是针对"人"这一特殊要素而设立和实施的，再好的制度也必须由人去执行，员工既是内部控制的主体，又是内部控制的客体，可以说，会计人员的品行与素质是影响内部会计控制效果的一个决定因素。人员品行和素质包括企业对员工价值观、道德水准和业务能力（包括知识、技术与工作经验）的要求。其中，管理者的素质和品行起着绝对重要的作用。制度是由人制定的，内部会计控制的有效性无法超越那些建立、管理和监督制度的人的操守和价值观。

2. 提高会计人员的业务素质和职业道德的途径

内部会计控制的成效关键在于会计人员业务素质的高低和其职业道德的好坏，为了保证员工忠诚、正直、勤奋，具备有效的工作能力，从而保证内部会计控制的有效实施，企业可以采取以下措施：

①从人事部门做起，建立一套严格的招聘程序，对所招聘人员的业务素质和职业观有一个全面的考核和评估，并对以前的工作情况进行调查，以便更全面地了解一个人的做事方式和道德品质等情况，保证应聘的人员符合招聘的要求。在员工正式上班之前，就让他们去感受企业的文化，了解公司的规章制度、组织结构及相应的工作环境，明确其工作范围、工作职责，以便使其更好地适应环境、投入工作。

②制定员工工作规范，对每一个工作岗位、工作人员，都应该有详细、成文的工作岗位、工作职责描述；制定每一位员工的年度工作计划、年度评估标准，用以引导考核每一位员工的行为。

③定期为员工提供培训，包括会计专业知识、专业技能、企业文化、职业道德、社会道德的培训，并为员工提供继续深造的机会。

④强化评估和奖惩机制，定期对员工的业绩进行评估，并明确奖罚。

⑤实行岗位轮换制度，定期或者不定期地实行岗位轮换，这样可以及时发现存在的错误，使会计人员能够对整个会计工作有更全面、更深入的理解，同时也能促进会计人员的个人发展，提高会计工作的质量和效率。

在实行企业内部会计控制过程中，会计职业道德的持续提升和发展是至关重要的。这种提升和发展来自外部的监管和内部的自律，使得会计专业人士能够进一步树立并增强正确的会计职业道德和责任感。因此，对于职业会计人员来说，促进会计职业道德的持续提升和发展是实施企业内部会计控制的最高目标和理想境界。

### 四、设计财务会计内部控制制度的方法

单位财务会计内部控制制度设计方法主要有文字说明方式和流程图方式两种：

#### （一）文字说明方式

文字说明方式就是用文字说明会计控制设计的有关内容，这种方法是财务会计内部控制设计中使用最多的方法。

#### （二）流程图方式

流程图方式是指用一定的图形反映各项业务的处理程序。这种方法一目了然，更容易被人们理解和掌握，有利于提高工作效率。

## 第三节 大数据时代财务会计内部控制的创新路径

### 一、网络控制

对于网络控制而言，网络安全是其最主要的控制内容。网络控制方法主要有以下两种：

#### （一）配置硬件设备

配置硬件设备主要是指加强控制中心（网络机房）的安全建设，配置硬件防火墙、入侵检测设备、防病毒网关等网络安全防护设备和网络版防病毒软件。

#### （二）加强制度建设

对于网络控制，除了部署安全防护设备外，还应加强制度建设，如机房管理制度、网络管理制度、设备管理制度等。

## 二、系统控制

系统控制主要包括对操作系统和各类应用系统的控制。对系统进行控制时，除了应利用信息技术和设备外，还应加强安全管理制度的建设。

### （一）操作系统控制

操作系统是整个网络财务运行的平台，其安全性至关重要，因此，系统控制首先应做好操作系统的内部控制。由于操作系统的广泛用户基础以及其自身的潜在弱点，系统常面临着各种威胁，包括系统内部人员的滥用职权、越权操作，系统外部人员的非法访问甚至破坏，以及各种对操作系统的网络攻击，还有可能通过操作系统来破坏整个网络财务信息系统的计算机病毒等。为了提高操作系统的安全性和可靠性，除了选择安全等级较高的操作系统产品，经常进行系统版本升级之外，还应在日常的管理控制中采取以下几个步骤：

①任命专人管理系统，删除或禁用不需要的默认账户。

②制定系统安全管理政策，明确系统安全配置、账户和审计日志的规定。

③限制和控制可以使用系统工具的人员数量。

④定期安装系统的最新补丁，及时修补可能存在的安全漏洞，同时在安装系统补丁前，对重要文件进行备份。

⑤根据业务需求和系统安全性分析，制定系统的访问控制策略。

⑥进行系统账户的分类管理，权限设定应遵守最小权限原则。

⑦对系统的安全策略、访问授权、最小服务、升级补丁、维护记录、日志及配置文件的生成、备份、审批、符合性检查等作出明确规定。

⑧设定系统审计日志的保存期限，以便在可能的安全事件调查时提供支持。

### （二）应用系统控制

应用系统控制包括系统开发控制和系统运行维护控制。

1. 系统开发控制

（1）开发方案控制

由信息管理部门具体负责系统方案的制定。相关人员首先要到相关部门进行充分的调研，作出详细的需求分析。在方案设计出来后，由相关领导、信息管理部门、系统使用人员等对功能实现情况进行讨论，在进行项目可行性和实用性的研究和分析后，再确定开发方案。

（2）开发过程控制

首先，要明确自主开发各阶段的任务、人员分工、文档编制等内容；其次，要求开发工具、开发文档编制标准化和规范化，这样有利于系统开发的分工合作和今后的运行维护；在每一个阶段的工作结束后，要形成阶段开发报告，经论证审定后才能进入下一阶段，并作为下一阶段的依据。

如果是委托软件商开发，则应与软件商签订开发协议，明确知识产权的归属和安全方面的要求，提出详细的需求报告。

（3）系统测试和验收控制

在网络环境下，应利用在线测试功能来检查系统的完整性、可靠性，重点测试系统对非法数据的容错能力、系统的抗干扰能力以及应对突发事件的反应能力和系统恢复能力，并确认控制功能在系统中的有效实现。一旦发现网络系统的软件存在问题，应立即进行在线修复和升级，并将所有软件修改相关的记录及时存档。

在系统正式使用前，应组织专家、软件商、使用单位一起进行系统验收，形成验收报告。验收内容主要包括系统是否安全、系统是否达到设计方案和合同规定的功能要求、系统技术文档是否交付完整、软件包是否经过检测且不含有恶意代码。

2. 系统运行维护控制

①系统的运行维护由系统管理员负责，除此之外，不得再有其他登录系统的账户和密码。

②系统工具职能由系统管理员进行控制，系统管理员负责系统安全配置、系统账户和审计日志等的管理。

③应经常更新系统的最新修复程序，对可能对计算机构成威胁的安全漏洞进行适时的修复。在进行系统更新之前，对所有的重要文件进行备份是非常必要的。

④其他控制内容与操作系统控制类似。

3. 设计 USB Key 的数字认证体系，实施系统内部控制

该体系主要用于系统和数据库的身份认证、权限管理。通过 USB Key 的组合，

能实现多种控制模式。这对建设统一的数字认证门户、控制数据库的访问、保证数据安全、监督系统管理员的工作有着重要的作用。

（1）USB Key 的内涵

简单来说，USB Key 就是具有 USB 接口的硬件数字证书，它是与 PKI 技术相结合开发出的符合 PKI（Public Key Infrastructure，公钥基础设施）标准的安全中间件。利用 USB Key 来保存数字证书和用户私钥，并对应用程序开发商提供符合 PKI 标准的编程接口，有利于开发基于 PKI 的应用程序。作为密钥存储器，硬件结构决定了用户只能通过厂商编程接口访问数据，这就保证了保存在 USB Key 中的数字证书无法被复制，并且每一个 USB Key 都带有 PIN 码保护。这样 USB Key 的硬件和 PIN 码便构成了可以使用证书的两个必要因子。一是用户的 PIN 码被泄露，用户只要保存好 USB Key 的硬件就可以保护自己的证书不被盗用。如果用户的 USB Key 丢失，那么获得者由于不知道该硬件的 PIN 码（Personal Identification Number），也无法盗用用户存在 USB Key 中的证书。与 PKI 技术的结合使得 USB Key 的应用领域从仅确认用户身份，扩展到了可以使用数字证书的所有领域。

（2）基于 USB Key 的数字认证系统的实现手段

①制作 USB 接口的硬件数字证书。

②将"原用户号＋密码"的认证方式改为"数字证书＋用户号＋密码"。

③建立一个信息系统数字认证软件对所有应用系统和数据库进行集成认证。

④该硬件证书应包括使用人的基本资料（如姓名、性别、科室、所在工作组等）、财务软件的进入权限、某一财务软件的具体操作权限。

⑤可以修改该硬件证书使用人资料，但权限仅由所在工作组确定。

## 三、信息控制

对于互联网财务而言，保证数据安全和正确的信息控制是最为重要的。信息控制主要包括以下两个方面的内容：

**（一）数据库的内部控制**

在网络财务中，数据库的安全是重中之重。因此，对于数据库的控制应该十分严格。

①对数据库的操作只允许通过客户端软件进行,没有特殊原因,任何人不得进入后台数据库。

②建立数字认证系统,将数据库的访问模式设计为"USB Key+用户名+密码",以加强数据库访问的权限控制。

③对于特殊原因需要直接进入后台数据库的操作,须由财务主管审批,并持财务主管的硬件证书和系统管理员证书共同进行身份认证后才能进入。

④禁止数据库的远程访问,软件商的维护人员不得自行进入后台数据库,如果出于工作需要,则须由系统管理员通过审批后执行。

⑤配置数据库审计系统,对重要的数据库操作进行实时监控,设置异常操作报警机制,同时,记录日志作为日后审计的凭据。

⑥每周整理数据库审计系统记录,对进入后台数据库、未经客户端的数据修改,进行重点审查。

对于以上数据库的内部控制目标的实现,一些设备和技术可以起到关键的支撑作用,其中主要包括数据库审计系统、基于USB Key的数字认证体系等。

## (二)数据的备份和恢复

由于网络财务的信息都是采用电子数据进行存储的,故必须建立一套备份与恢复机制,以确保出现自然灾害、系统崩溃、网络攻击或硬件故障时数据能够得到恢复。备份和恢复系统应具备以下条件:

①支持大容量存储。

②支持异地备份和恢复。

③具有跨平台的备份能力。

④支持多种存储介质和备份模式。

⑤支持自动恢复机制。

⑥对数据库服务器建立双机热备系统。

在完善数据备份与恢复的硬件设备和软件系统的同时,建立严格的数据备份和恢复管理制度是非常必要的。管理制度主要应该包括以下几个方面的内容:

①确定那些需要定期进行备份的关键业务信息、系统的数据和软件应用等。

②需要设定详细的备份策略,包括备份的方式(增量备份或全量备份)、备

份的频率（每日备份或者每周备份）、使用的存储设备类型、数据的保存时间等。

③根据数据的重要程度和这些数据对系统运行产生的影响，需要制定科学的数据备份和数据恢复策略。其中，备份策略应明确数据备份的位置、文件的命名规则、存储介质更换的频率，以及如何将数据移动至离线存储等。

④需要指定负责人，定期进行维护和检查备份系统和冗余设备的状态，以确保在需要接入系统时，这些设备能够正常工作。

⑤根据备份设备的类型，需要规定备份和冗余设备的安装流程、配置方法和启动步骤。

⑥应制定严格的数据备份和恢复流程控制程序，对备份过程进行记录，并妥善保存所有相关文件和记录。

⑦根据系统级备份所使用的具体方式和产品，需要制定备份设备的安装流程、配置步骤、启动方法、操作程序和维护规则，并记录设备运行中的各种情况，以及妥善保存所有相关文件和记录。

⑧定期执行恢复测试程序，检验备份介质的有效性，确保能够在预设的时间内完成备份数据的恢复，从而确保数据的安全性和完整性。

## 四、业务流程的实时控制

### （一）实时控制理论模型

由于事项驱动型的网络财务是业务流程和信息处理流程的集成，加之在网络环境下，业务活动的自动化处理替代了人工处理，存储介质也用磁介质代替了纸张，所以，在对待如何完成对交易数据的正确获取这一计划上，就不能采取事后进行一致性检查等传统控制手段。又由于业务是通过网络实时发生的，人员干预的成分较少，故必须实施事中控制，即实时控制。由于已识别了事项驱动型网络财务的有关风险，就应该在风险发生时尽可能地控制它，并对业务的合法性和合理性进行充分检查，使之符合既定的业务规则。这不仅需要在业务或信息处理发生时检查和管理与事项相关的规则和政策，还需要将控制程序化，即在系统的设计和开发阶段把控制规则编写成源程序代码并嵌入业务事件的执行过程中，使各项控制由计算机自动完成，从而降低错误和舞弊发生的可能性。当然，在网络环境下，要使人们正确树立会计实时控制观念，还必须进一步深入研究网络财务的流程再造、实时控制方法、实时控制模式等理论问题，不断丰富和完善网络财务实时控制系统，使其高效、安全、正常运转，最终保证网络财务实时控制目标的实现。

### （二）会计流程再造

#### 1. 会计流程再造的意义

在网络财务中，传统的会计业务流程已无法适应，因此"流程再造"是必要也是必需的。"流程再造"，是指利用信息技术去改变传统会计中的管理流程、业务流程和会计流程，并将这三种业务流程集成，以实现会计的实时控制。它的实质就是采用所谓的基于"事项驱动"方式，再造传统会计和信息系统的业务流程。在网络财务中，这种基于"事项驱动"方式的会计业务流程有以下几个特点：

（1）创建源数据仓库的共享平台

此类型的系统设计将有助于实现物理层面上分散的企业数据库在逻辑层面上的整合，以满足各种层次和多元化的信息需求。经过统一标准编码后的源数据，能够充分满足企业内外所有信息使用者的需求，确保数据的源头一致，实现其共享。

（2）协调各流程的紧密合作

企业内部的业务流程、会计流程（信息流程）和管理流程之间能够紧密地配合合作，从而减轻各部门间由于信息不协调而产生的问题。

（3）提供实时财务报告

由于信息处理和业务活动的进行是并行的，系统能够在执行会计过程中实现实时控制。当存在违反规则的活动时，系统可以即时地将异常报告发送给负责人，或者直接阻止不正当的行为发生，从而极大地增强了系统的风险防控能力。

#### 2. 再造内部会计业务流程

（1）企业内部会计业务流程再造的实现路径

①企业组织结构的再造——构建扁平化的组织。为了应对市场环境的瞬息万变，价值链会计要求企业以流程运作为中心，把"流程"作为关注的核心，重视"流程"就意味着要打破职能制的组织结构，因此，有必要构建扁平化的组织。

这种组织结构扩大了管理幅度，能减少管理失误，提高管理效率，从而增强组织快速反应的能力。其具体结构如图 3-3-1 所示：

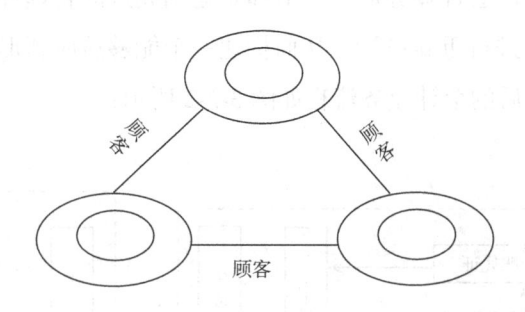

图 3-3-1 流程型组织结构图

②输入环节的再造——转变会计数据采集方式。价值链会计要求清除不必要的非增值作业，其方法是采用电算化系统自动收集的方式进行会计数据的采集，即当经济业务发生时将原始信息按统一编码录入并存储于信息数据库中。财会部门在进行账务处理时就可以从该数据库中调用相应的信息并进行加工，这样会计部门就可以实时监控到多种原始业务单据以保证账实相符。这种区别于传统数据存储和处理的模式使会计信息系统不再是一个"孤岛"。

③处理环节的再造——建立事件驱动型的信息实时处理系统。价值链会计要想实现会计业务与其他业务的有效整合，就必须搭建一种事件驱动型的会计信息系统，以便实现财务业务与其他业务之间的协同。具体操作程序为：当经济业务发生时，各部门的管理信息子系统收集和编码该业务信息，然后，通过局域网将原始数据传输并存储到共享事件数据库中。这种信息处理系统可以根据每一项交易或事项自动生成凭证、账本和报表，从而为经济事项留下"足迹"，使业务流程具有可视性和复原性。

④输出环节的再造——建立实时动态的信息披露系统。当前，会计信息输出的方式过于单一，仅限于各种报表。要改变这一现状，提高会计信息的价值，就必须对会计信息输出环节进行改革。改革后的业务流程应为：当交易或事项发生时，各部门业务人员按照相应规则将信息存入数据库，由会计人员进行账务处理。当用户需要获取相关信息时可以发出指令，信息系统启动相应的账务处理程序对源数据库进行处理并生成所需的相关信息。

（2）再造后的会计业务流程图

随着管理理论和思想的不断变革以适应新的形势，会计业务流程的再造得到了强大的理论支持。会计业务流程再造即是运用先进的管理理论对企业原有的组织结构和工作流程进行重新设计，从而构建一个能够适应新形势、高效的会计信息处理系统。再造后的会计业务流程如图3-3-2所示：

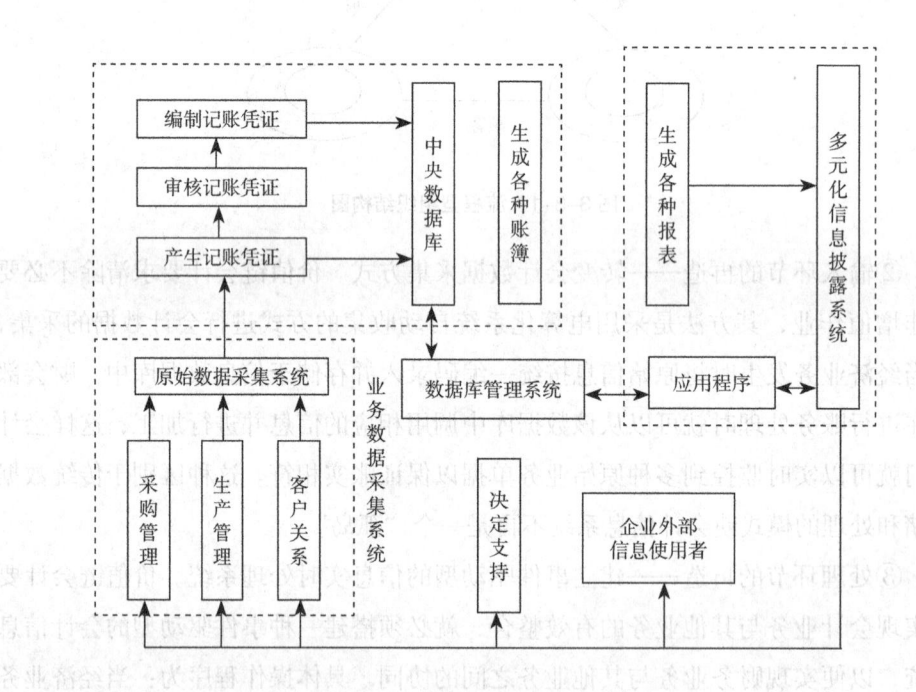

图3-3-2 再造后的会计业务流程图

3. 基于价值链会计的企业间会计业务流程再造的实现路径

价值链会计的业务流程再造过程不仅关乎企业内部资源的整合，同时还涉及价值链合作伙伴间的资源整合。

（1）拓展会计处理实体：构建价值链联盟体系

在当前的竞争环境中，我们不能仅仅将视野局限于企业个体的竞争，还应考虑更为宏观的产品对比、产业链角逐等多维度的竞争。因此，我们需要扩大会计处理实体的范围，将其扩展到企业外部的价值链，并将价值链上的所有企业视为一种联盟体系。这种体系是一个虚拟的实体，但并非虚构，虽然它没有具体的形体，但能以联盟整体的角度来协调联盟内部的事务，从而实现整体价值的提升。

（2）实现资源共享：构建"联盟数据库"

作为价值链节点上的企业，如果想实现信息资源的共享，就有必要创建一个跨企业的"联盟数据库"。该数据库储存的信息来自价值链各节点的企业，其中的信息不仅包括定质、确定性信息和财务数据，还应包含定性、不确定性信息和非财务数据。但是，考虑到某些信息的敏感性，数据库并未包含所有企业的全部信息，如技术密级高的核心信息不会被包含在内。

（3）减少运营费用：设立会计协调小组

为了增强企业之间的协调，并降低会计业务流程的运营费用，价值链所有成员企业需要共同设立一个协调小组。该小组的主要职责是制定、发布和管理会计数据编码标准，协调链上企业的会计信息共享，解决会计权益问题，以及维护价值链企业所建立的"联盟数据库"，确保其正常运行。

（4）降低转化费用：统一会计信息标准

统一和共享价值链上企业的会计信息，可以有效地降低供应商和客户信息搜索的成本，从而实现价值链企业间的共赢。现阶段，各企业的会计信息以不同的数字化文件形式保存在价值链各节点企业中，为了最大限度地利用这些信息资源，必须统一会计信息标准。如果数据标准不统一，则将增加企业间数据的转换成本。因此，我们需要统一会计数据的输入和输出标准，以保证企业间数据的可读性和可比性。

（三）实时检制方法

通过会计流程再造，我们现在可以实现网络财务的即时监控和管理。借助网络技术和信息科技，我们可以通过识别结构化控制规则和非结构化控制规则，来设计多种内部控制方法，并在信息系统开发过程中，将这些规则内置到系统内，或者创建管理控制模块，然后将它们与信息系统进行整合，以完成即时监控。

1. 结构化控制规则程序化

在处理会计数据时，我们是否正确处理会计数据是依据结构化规则来进行判断的，包括以下的基本规则：

规则1：借贷平衡，即借贷总额相等。

规则2：资产总值等于负债和所有者权益的总和。

规则3：上级科目的余额等于其下属详细科目金额的总和。

规则4：未审核的凭证不得记账。

规则5：审核人和制单人不能是同一人。

以上这些规则是处理会计数据的基础，也是"职责分离"和"授权批准流程控制"等控制方法的实际应用。事实上，这些规则只是冰山一角，我们一直在努力丰富和完善规则，以使会计处理流程更加规范。

2. 设计业务流程管理模块

为了实现网络财务的即时监控，我们可以根据再造后的新业务流程设计业务流程管理模块，并将其与会计信息系统相结合以完成内部监控。设计业务流程管理模块的目的是防止内部监控影响到业务流程的顺利进行，从而降低工作效率。这个模块嵌入在信息系统中，可以实现信息的单向、双向、多向传输，可以在线实时完成业务处理申请、处理结果反馈，确保信息传输的实时性和授权审批等内控手段的实现。

业务流程管理模块主要包括以下功能模块：

（1）采购监管模块

采购监管模块的主要功能是实时跟踪和获取从采购单生成、发货、接收货物，到处理各种采购发票的详细数据，并应用规定的标准（如采购成本限度、预算开支等）和各类规定（如对于采购价格的审批准则、采购发票处理规则等），以对供应商的选择、采购订单的定价、采购发票处理等多项活动进行持续监控，为企业尽可能降低采购开支、提升运营效益提供必要的支持。

（2）营销监督模块

营销监督模块的功能是实时跟踪从签署销售合同到其完结整个流程的商业活动数据。通过实施控制标准（如信用限额、销售预算等）和执行控制准则（如赊销管制准则、销售价格制约准则等），来对销售订单定价进行严格监管和引导，限制销售行为，动态调控产品的分配数量、现有库存、可用库存、冻结库存、在途库存等，旨在提高资金流动速度和流动量的同时，确保企业盈利目标的实现。

（3）库存与存货监控模块

库存与存货监控模块的功能是实时追踪物料的进库、出库、盘点、报废及结余等信息,并采用各种控制标准(如存货的最高储存标准、最长储存期限、标准使用量等)和执行控制准则(如超出库存或者库存不足的控制规则、超出最长储存期的扣款规则等)来持续监控库存的流入流出和速度,尽可能降低库存占用的资金,提高库存周转速度。

(4)成本控制模块

成本控制模块的主要功能是实时获取成本中心的数据、每个操作步骤的具体信息,并利用控制标准(如原材料成本、产品成本、操作成本等)、执行控制准则(如各种成本差异的控制规则、各种损耗控制规则、各种成本引因的控制规则)在实行标准成本控制和操作成本控制的同时,尽可能降低操作成本和产品成本,提高企业盈利效益。

(5)财务控制模块

财务控制模块主要负责实时动态获取企业经营过程中的个人和部门费用、现金流入、现金流出等信息,执行控制标准(如利润中心控制标准、费用中心控制标准、预算控制等)和执行控制准则(如个人贷款最高限额规则、部门费用和总额费用规则等)以严格按照预算对各项费用和资金进行持续控制,提高资金周转速度,降低各类开支,以最大可能提高企业的盈利效益。

针对上述各个业务,我们应该制定适当的业务流程,在每个流程中设定各项业务的操作规则,并与业务流程管理模块相结合,以实现实时监控的目标。

3. 通过数字认证体系进行权限控制

权限控制法是企业上层领导对员工或部门分配特定的权利和职责的策略,其主要目标是限制他们的活动范围,防止未授权的人员的非法操作业务活动。权限活动法也被称为授权批准控制法。应用这种方法能够使企业的会计控制系统在有效管理的制约下正常运作,并严格执行内部控制体系,保障系统的安全和保密。执行权限控制法时,需要遵循一定的结构化规则以指导、调整和限制经营活动。其核心规则是:当一个经营活动或事件发生时,只有具有权限的人员才能处理该事件,否则是不被允许的。权限控制法覆盖了财务和业务事件的控制,涉及特定事件和整个流程的控制范围。创建数字认证系统是实现权限控制的关键步骤。

### 4. 建立实时监控系统

在网络财务的实时控制中,对所有重要的业务和事件进行实时监控是至关重要的。因此,建立一个业务事件的实时监控系统是必要的。这个系统包括以下要点:

①与各子系统的集成数据接口联动,实时提取相关数据。

②根据各子系统通过业务事件的重要性设定数据抽取条件,对于需要监控的数据进行筛选。

③向不同级别和权限的用户提供实时的监控信息。

④在数据抵达时,进行实时消息提醒。

⑤有权限的用户在登录业务监控系统后,未阅读的监控信息会自动弹出提示。

⑥对提取的监控数据进行备份,以备查证。

总的来说,在网络财务环境中,通过优化和重塑业务流程,可以将控制规则嵌入会计控制系统中,使计算机能够严格按照控制规则进行实时监控。这不仅弥补了人工控制的不足,规范了经营活动,而且还可以增强财务对经营活动过程的实时控制,从而实现提高企业运营效率和收益的目标。

# 第四章　大数据时代现金管理创新

在企业的所有流动资产中，现金是最具流动性的。现金管理是企业财务管理的一项重要内容，是企业生存和发展的基础。本章内容为大数据时代现金管理创新，阐述了现金管理概述、现金流管理、大数据时代现金管理的创新路径。

## 第一节　现金管理概述

### 一、现金相关概念

#### （一）现金

任何一个企业要从事生产和经营活动，都离不开货币资金。

现金是一种交换媒介，第一个特征就是它能够被普遍接受，也就是说，它能够被用于购买货物、服务或支付债务。在企业里，现金是最具流动性的资产。

现金的概念有狭义和广义两种：狭义现金是指企业持有的现金（既包括人民币现金也包括外币现金）；从广义上讲，现金是指除库存现金之外，银行存款及其他符合现金定义的票据。

#### （二）现金等价物

现代企业的现金管理不仅要考虑现金本身，而且还要考虑现金等价物。只有将这两个方面有机地结合起来，企业才能更加灵活地获得现金、使用现金、管理现金、提高自身在资本市场上的应变能力。现金等价物是现金的一种转换形式，指的是企业所持有的期限短、流动性强、容易转换成已知金额的现金，其主要形式是短期有价证券投资。我国可供短期投资的证券有国库券、可流通存单和商业票据。

## 二、现金管理的意义

现金流入和流出是企业资金流动的主要方式，也是企业资金流转的纽带。为了保证现金收入和支出在数量和时间方面的协调和连贯，需要对其进行总体规划和调度，即所谓"现金管理"。

现金管理致力于既能保障企业的生产和运营所需要的现金，又能节省资金，从暂时闲置的现金中获得最大限度的收益。在现金管理上，企业要努力实现现金保障，以满足生产和经营所需；同时，也要尽可能减少企业的闲散现金，以提高资本的回报率。

但两者存在着一定的冲突。如果财务部门为了消除多余的资金而降低现金置存量，那么很可能会出现资金不足的情况；但是，如果为了满足多种可能的现金需求并提升保障水平，那么财务部门就会加大现金置存量，这就会造成现金的闲置数量增多，资金的回报率也会下降。为此，在实际工作中，财务管理人员应制定详细的规划，强化对资金的监控，将两个矛盾的目标统一起来。

## 三、现金管理目标

现金管理的目标就是要在确保企业的正常生产和保持适当的资产流动性的情况下，尽可能地减少持有的现金数量，并将这些临时闲置的现金用于短期的证券投资，从而增加资金的收益。企业的现金持有量太少，不仅会导致生产的中断，还会使企业资金的流动性变差，但如果拥有太多的现金，则会使企业的资金回报率变得更低，因此，现金管理的过程就是一个在这两个方面进行平衡的过程。

为了达到现金管理的目标，企业一定要加快对应收款项的回收速度，同时，要对现金开支进行有效的控制，这样才能将生产和运营所需要的现金数量降到最低。然后，根据企业的实际状况，制定一份企业的现金预算，对企业的现金需求进行预估，再结合企业的实际状况来决定企业的现金结余。如果真实的现金平衡超过了最优的现金平衡，则可以用来偿付短期的贷款或者进行短期的有价证券投资；为了使真实的现金平衡达到最优的平衡，企业可能会卖掉一些短期的债券，或者做一些短期的筹资活动。上述工作组成了企业现金管理系统的基础。

## 四、现金管理的原则

要根据企业的生产和运营特征，建立相关的财务管理体系，并对其进行有效的管理。

在通常情况下，对现金的管理和控制应遵守以下几个方面的原则：

### （一）严格职责分工

为了有效地防止货币资金管理中的舞弊行为，应采取严格的内部控制机制，将与货币资金不兼容的职责分配给不同的人员。

### （二）实行交易分开处理

对现金支出和现金收益分别进行核算，避免以现金收益为主要开支的坐支行为。

### （三）实施内部稽核

要设置内部稽核机构和人员，建立内部稽核制度，以加强对货币资金管理的监督，及时发现货币资金管理中存在的问题并及时改进对货币资金的管理控制。

### （四）实施定期轮岗制度

要实行与货币资金管理、控制有关的业务人员的定期换岗制度。通过换岗，减少财务管理和控制中出现的舞弊现象，及时查出相关人员的违规操作。

## 五、现金管理的内容

现金管理的主要内容有：

①制定现金收入和支出计划，合理地估算将来的现金需要。

②以特定的方式来决定公司的理想现金余额，当公司的预期现金余额与理想现金余额不符时，可采取短期融资或短期有价证券投资的策略，使公司的财务状况趋于理想。

③控制日常的现金收入和支出，尽量加快收款或延迟付款。

## 六、现金的流动

从财务学的角度来看，企业是一个复杂的现金流循环系统，其中包含着各种各样的因素。

### （一）现金的流转

如果追踪一个企业的现金流情况，就可以看到，对于有的企业在一年之内就可以收回；对于有的现金，企业多年才能收回。这两种方法都有各自的优点，第一种叫作企业的短期循环，第二种叫作企业的长期循环。短期循环是将现金物化为流动资产，完成现金→流动资产或流动负债→现金这一循环，而权益与长期负债→现金→固定资产→现金则是完成长期循环。

在此，以一个制造企业为例，说明该企业的短期现金流动情况（图4-1-1）。

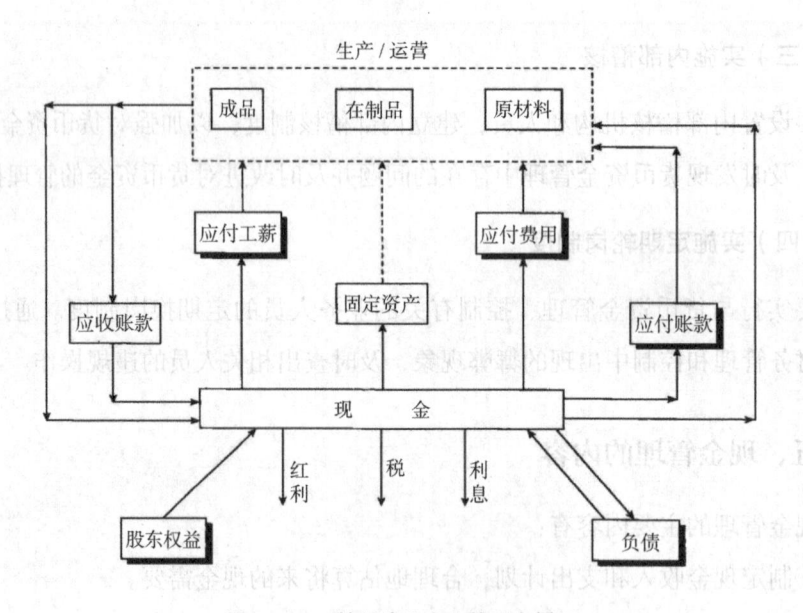

图4-1-1 某制造业企业的现金循环

从图4-1-1可以看出，这个"现金"库的功能就像是一个水库。向外的箭头表示流出的现金，向现金库的箭头表示流入的现金。短期循环从现金开始，首先是获得原料，然后加工成成品，最后，在销售后将成品转化为现金或应收款。对于应收账款，企业通过收款来将其转换为现金。企业获取原材料的方式有两种：

一种是现购，另一种是赊购。赊购原材料，在这个循环的开始阶段，现金不会流出，但早晚都要付出。在将原材料转化为产成品的过程中，企业将会产生包括人工费用、利息费用、管理费用等现金费用的营业费用，即现金流出。之后，如果企业可以销售产成品，则库存数量会减少，而应收账款和现金会增加，企业会获得一定的利润。但是，为了卖掉制造出来的产品，企业必须支付销售费用，同时也会产生现金流出。因为企业的现金收支在数量上和时间上都存在着不平衡，所以企业必须从其他渠道筹集资金来恢复现金收支的平衡，其中主要包括长期借款、短期借款和股东资金的注入。

除流动资产之外，企业所拥有的大部分固定资产都包括在向现金转化的过程中，因其用于生产，其价值会被消耗，被消耗的价值会不断地冲减当期利润。企业期望能够通过出售产品来弥补这部分费用，即折旧费。由于一项固定资产不会立刻被消耗掉，而且，它的折旧费用会被分摊到数年的产品销售中，因此，这一过程会花费数年的时间来实现。折旧费用虽非现金支出，但已从收益中扣除，因此，这也是一种现金来源。

（二）影响现金周转的因素

如果一个企业的资金流入和流出在时间和数量上都刚好吻合，那么企业的会计就会变得非常简单。例如，某企业的原材料供应商向其提供了30天的信用，金额为10 000元，该企业的生产过程耗时20天，销售和货款回收耗时10天。月底时，该企业收到12 000元。这样一来，它就能用这笔钱来支付10 000元的欠款，盈利2000元。上述情况一般只是一种假设，在现实生活中，会对企业的现金周转产生影响的因素有很多。例如，供应商提供信用的时间跨度、应收账款的回收情况、生产过程所需的时间等。以下将介绍几种常见的影响因素：

1. 企业盈利状况

利润是企业资本的主要来源，也是企业能够及时偿还贷款的基本保障。盈利企业在没有主动扩张的情况下，往往会出现现金不断累积的倾向，而财务人员的职责就是为这种过剩的现金寻找出路。

在某些比较成熟的行业中，企业会作出提高股息率、偿还贷款、投资购买股票、兼并企业等决策。但是，如果公司一直在亏损，那么财务主管就很难开展工作。当企业所在行业属于资本密集度较高的行业，如航空业、铁路业等，企业虽然亏损，但其现金余额在短期内不会减少，这是由于这些企业有较多的折旧和摊销费用，这构成了现金来源。但是，如果企业长时间不能扭亏为盈，那么总有一天，它会面临着需要重新购买固定资产，但没有足够资金的窘境。

2. 企业的流动资产、流动负债变化情况

有时企业利润很高，资金却很紧张，产生的原因有：增加存货、增加应收款，或者使用盈利来抵消企业的流动负债。无论是增加的流动性资产还是减少的流动负债，都会占用现金。而当企业的流动资产减少、流动负债增加时，企业的现金就会增多。

3. 企业扩充速度

即便是利润不错的企业，如果企业扩张太快，也有可能导致企业资金周转不畅。随着企业的快速扩张，企业的存货、应收账款、营业费用等都在不断增长，同时也伴随着固定资产的扩张，这些都是大额的现金支出。这一切加剧了企业在业务扩张时期对现金的需求，也使会计人员的工作更加繁重。他们不但要保持企业现有的运营收入和利润的平衡，还要为扩大项目而筹资，并设法将需求保持在预期得到的现金数量之内。

在快速扩张的情况下，财务主管有可能会要求股东增资，并提出减少股利支付、增加长期贷款、努力降低库存水平等措施，加快应收账款的回收速度。

4. 企业经营的季节性波动

季节性波动可能是由销售或原材料采购的变化所导致的。在销售淡季，由于销售量减少，相应的存货和应收款也会减少，导致企业的现金流水平下降。而在销售旺季，由于存货和应收款的快速增长，企业可能会出现现金不足的情况。但是，随着货款的回收，在旺季过后，企业可能会积累过剩的现金。

在一些行业中，企业的采购是具有季节性的。例如，一家卷烟企业要在数个月内购买一整年所需的烟叶，这就导致了企业的原材料库存显著增加，现金余额下降。随着销售额的增加，现金结余也在增加。

## 七、现金循环周期

缩短企业的资金周转周期，提高企业的资金周转速度，成为企业现金流管理的一项重要内容。现金循环周期分为两个部分：收款循环周期和付款循环周期。因此，必须要有与之对应的加快现金回收策略和控制现金支出策略。

在企业中，客观上存在着两种资金循环：一种是销售体系，另一种是采购体系。同时，在图4-1-2中还可以看到，在此基础上，将现金循环周期划分为两个阶段。

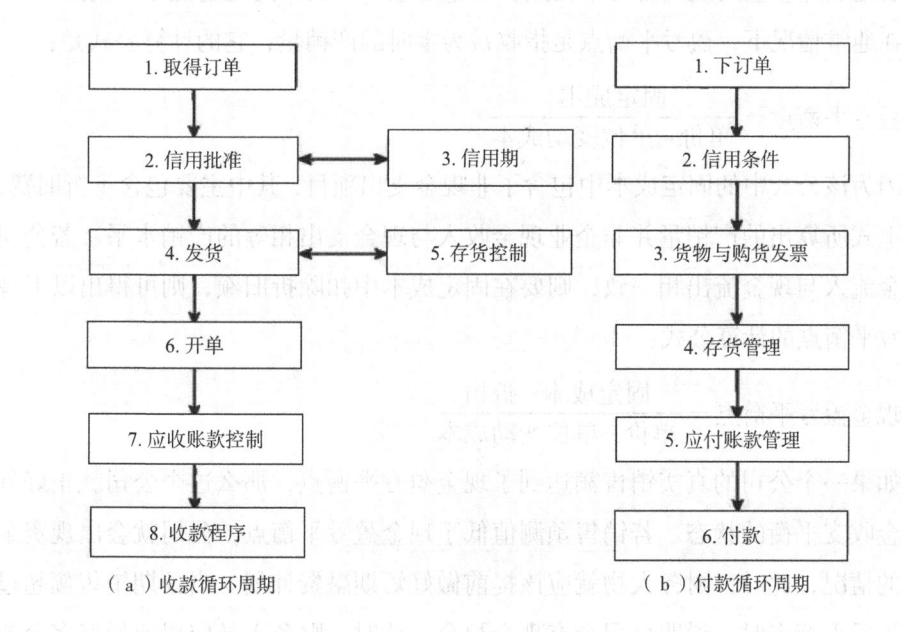

```
(a) 收款循环周期                    (b) 付款循环周期
1. 取得订单                         1. 下订单
    ↓                                ↓
2. 信用批准  ←→  3. 信用期          2. 信用条件
    ↓                                ↓
4. 发货      ←→  5. 存货控制        3. 货物与购货发票
    ↓                                ↓
6. 开单                             4. 存货管理
    ↓                                ↓
7. 应收账款控制                     5. 应付账款管理
    ↓                                ↓
8. 收款程序                         6. 付款
```

图4-1-2 企业的两个现金循环周期

收款循环周期由取得订单、信用批准、发货、开单、应收账款控制和收款程序组成，其中，信用批准受企业信用政策的影响，发货受企业存货政策的影响。收款循环周期的影响因素主要集中在回收周期中。企业需要监测每一个要素，以便判断这些管理措施对提高资金回收率是否有帮助。

同样，付款循环周期也包含了几个重要的环节，包括下订单、信用条件、货物、购物发票、存货管理、应付账款管理和付款等。同时，企业也要审查这些环节，找出其中的影响因素，并提出针对改善付款循环周期的策略。

## 八、现金管理策略

### （一）力求现金流入与现金流出同步化

理论上，当一个企业的现金流入与流出在时间和数额上都是同步时，企业的现金余额就会变为 0。当然，在实际生活中，企业并不能达到这样的效果，但企业在制定现金规划时，如果能有意识地朝这个方向发展，则企业的现金持有就会大大减少。因此，对企业来说，进行现金损益分析是很有帮助的。现金损益分析的核心是确定企业的现金盈亏平衡点，即企业生产和销售的现金盈亏平衡点。

在通常情况下，盈亏平衡点是指收益为零时的产销量，它的计算公式是：

$$盈亏平衡点 = \frac{固定成本}{单价 - 单位变动成本}$$

因为该公式中的固定成本中包含了非现金支出项目，其中主要包含了折旧费，所以上式所算出的产销量并非企业现金收入与现金支出相等的产销水平。若公司的现金流入与现金流出相一致，则要在固定成本中扣除折旧额，则可得出以下现金盈亏平衡点的计算公式：

$$现金盈亏平衡点 = \frac{固定成本 - 折扣}{单价 - 单位变动成本}$$

如果一个公司的真实销售额达到了现金盈亏平衡点，那么这个公司就正好处在现金收支平衡的状态。若销售预测值低于现金盈亏平衡点，公司就会出现资金不足的情况，此时，财务人物就应该提前做好短期融资计划。当预期销售额超过现金盈亏平衡点时，说明公司会有现金盈余，此时，财务人员应提前做好多余资金的处理计划。

有时，公司必须要知道在什么时候才能实现现金盈亏平衡。在此情形下，可用现金盈亏平衡销售的公式：

$$现金盈亏平衡点 = \frac{固定成本 - 折扣}{1 - (单位变动成本 / 单价)}$$

### （二）应用电子数据交换

电子数据交换系统使企业之间、企业内部的采购、销售、结算等信息都能无纸化，从而使企业的数据信息能够快速、便捷地传递和交换。

将电子数据交换系统（EDI）应用到日常现金收付之中，就产生了金融自动清算系统、电子收账系统、电子付款系统等现金收支结算工具。下文将逐一介绍：

1. 金融自动清算系统

金融自动清算系统，是一种在金融机构与企业之间进行信息交流和价值转移的信息网络系统，不仅能够实现资金的无纸化转账和结算，还能够提供支付指令、余额报告、存款信息、兑现支票信息、中止付款服务、账户分析等服务。所有的工作都可以在计算机系统的辅助下，实现自动化，这样就可以减少由于人工处理而带来的误差和时间延迟问题，从而提升现金管理人员的预测能力和主动控制能力，让企业的财务决策变得更及时、更准确。

2. 电子付款系统

电子付款系统，指的是付款人直接将款项通过金融信息联网系统付给收款人的系统。该电子付款系统为收款人提供了极大的便利，并为公司提供了如下便利：减轻了会计人员的工作负担，避免了开支票、发现金和定时、定点取款的麻烦；降低了现金结算、工资计算和外派人员工资计算中出现错误的概率；不仅可以有效地控制公司的现金外流，还可以提前确定公司的支付时间，便于企业的现金收入和支出管理。它的不利之处是，会减少商业上可用的延迟开支。

3. 电子收账系统

电子收账系统一般有销售点收账、自动付款收账、电子公司付款收账等形式。该方法适用于那些销售点分散、收款中心比较集中的大型企业，销售点收账以信用卡收账和签账卡收账为主。信用卡是一种由银行向存款人签发的替代现金付款的凭证。信用卡为付款人提供了方便，给收款人增加了更多的工作（核实、银行承兑等），也给他们带来了更大的风险（无法提取的风险）。签账卡与信用卡在形式上是相同的，但签账卡有一个优势，那就是一旦发生交易，马上就能把钱转过去。想要使用签账卡，需要付款人和收款人在同一银行开户，或者在已经自动联网联机的银行开户。收款人将签账卡插入相关设备，并输入付款人的账户和金额，付款人通过密码进行确认就可以完成收付款。

## 九、现金持有

### （一）企业持有现金的原因

企业之所以持有现金，是为了满足交易性、预防性、投机性、补偿性等需求。

#### 1. 交易性需求

交易性需求是指在日常经营活动中满足现金付款的要求。企业每天都有固定的现金进出，但收支不同步，所以很难做到收支平衡。如果收益超过费用，就会产生现金置存；相反，就会出现现金不足的情况。企业要想快速地进行商业活动，就必须保持合适的现金结余。这些用来支付企业日常收入和支出的现金金额叫作交易性现金余额。

#### 2. 预防性需求

预防性需求是为了确保企业在遭遇自然灾害、生产事故、主要顾客未能及时付款等突发情况时，能够有效地应对，从而避免现金收支失衡的置存现金。预防性现金余额的数额取决于两个因素：一是现金收支预测的可靠性和预测的准确性，二是企业临时借款能力。企业的临时借款能力对于预防性现金余额至关重要。

#### 3. 投机性需求

投机性需求就是把置存现金用于不寻常的购买机会。例如，在合适的时间买入高收益的股票或其他有价证券；当原材料价格下降时，可以大量收购，或者寻找机会收购其他资产，诸如此类。通过这种方式，企业可以及时抓住转瞬即逝的利润机遇。为了实现这个目标而持有的现金余额，叫作投机性余额。

#### 4. 补偿性需求

补偿性需求是企业根据银行的要求，在其存款账户中保留的最低存款数额。银行往往靠把客户的存款放贷出去获取收益，所以，根据贷款存款的规则，有的时候，为了向客户提供附加服务，银行一般都会要求客户在自己的存款账户上保持一个最低的存款结余，这一类结余也叫作补偿性余额。

### （二）现金最佳持有量的测定

在现代金融管理理论中，确定最佳现金余额的理论模型有很多，以下将分别介绍三种常见的模型：存货模型、现金周转模型和随机模型。

1. 存货模型

存货模型，也叫鲍曼模型，最早为美国经济学家威廉·鲍曼提出。该模型认为，现金结余与库存有很大的相似性，并建立了一种库存经济订购批量模型，用于计算最优的现金结余。这个模型假设在一段时间内可以预测出企业的现金总需求，而企业每日的现金需求（也就是现金收入减去现金支出）是恒定的，在现金结余为零的时候，可以通过销售有价证券来获得现金，从而将现金结余恢复到应有的水平。在此假设条件下，现金余额随时间推移所表现出来的规律，具体表现如图 4-1-3 所示。在初始阶段，现金余额为 M 元，此后，现金余额逐步下降，当现金余额下降到零时，企业可以通过出售有价证券，使得现金余额重新回升到 M 元，并不断重复以上的过程。

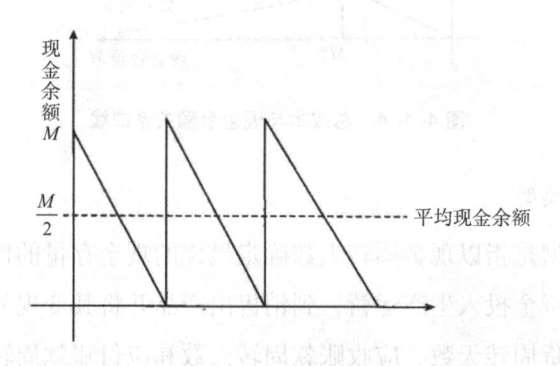

图 4-1-3 现金余额所呈现的规律

接下来要考虑的是，当初始现金余额 M 为多少时最好。当 M 越大时，可以减少卖出有价证券的次数，持有现金的机会成本较高；反之，当 M 较小时，可以减少平均现金结余，但需要经常卖出有价证券来补充现金结余，而且，每次卖出都要承担一定的交易费用。最优现金余额是指使以上两项费用的总和最低的余额。

很明显，总成本 TC 和现金余额 M 的关系如下所示：

$$TC = K \cdot \frac{M}{2} + F \cdot \frac{T}{M}$$

其中，TC 为总成本，T 代表一段时间内企业对现金的总体需求（每月），F 代表的是每一笔有价证券的交易费用，K 代表持有现金的机会成本（相当于有价证券的收益率或者借款利率）。

对上面的 M 求导，使其导数为 0，得到：

$$M=\sqrt{\frac{2FT}{K}}$$

这就是最佳现金余额，也就是使得总成本最小的现金余额，如图 4-1-4 所示。因此，这种方式还可以用于在现金结余为零时借债或发行债券来弥补现金余额的情况。

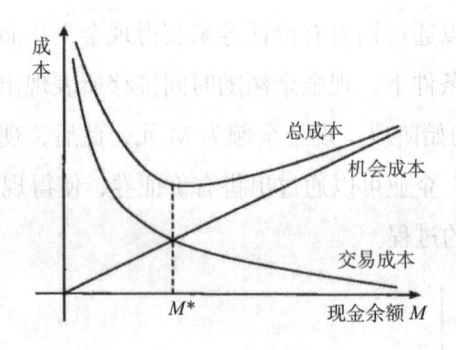

**图 4-1-4　总成本与现金余额关系曲线**

2. 现金周转模型

现金周转模型是指以现金周转天数确定最优的现金存量的模型。现金周转天数是指企业从将资金投入生产运营，到销售出产品并将其变现的时间。现金周转天数的长度由存货周转天数、应收账款周转天数和应付账款周转天数决定，这三者之间的关系如图 4-1-5 所示。

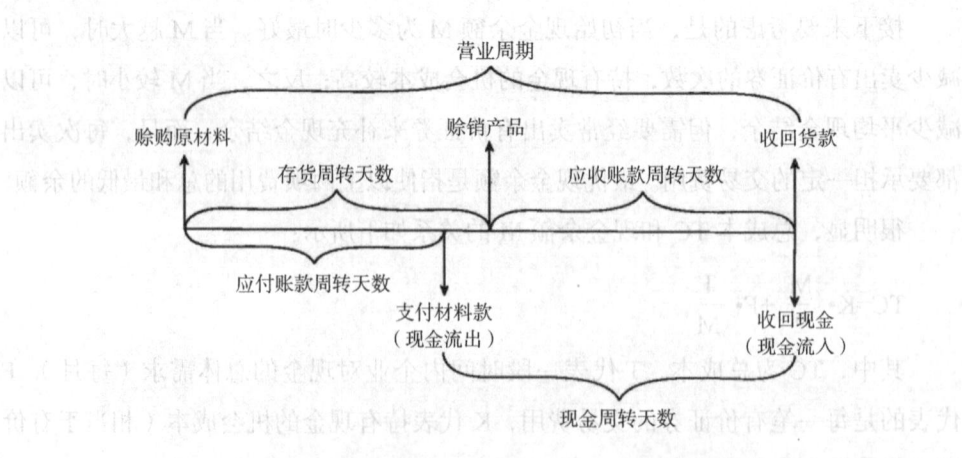

**图 4-1-5　存货周转天数、应收账款天数及应付账款天数的关系**

如图 4-1-5 所示，在企业的一个营业周期内，营业周期的长度（天数）等于存货周转天数加上应收账款周转天数；一个营业周期所经历的天数减去应付账款周转天数，就是现金周转天数。根据这个公式，可以得出以下的现金周转天数的计算公式。

现金周转天数 = 存货周转天数 + 应收账款周转天数 − 应付账款周转天数

其中，

$$应收账款周转天数 = \frac{应收账款平均余额}{年销售收入/360}$$

$$应付账款周转天数 = \frac{应付账款平均余额}{年销售成本/360}$$

如果企业在某一时期（如一年）的现金需求是已知的，并且还假设这个企业的运营是一个连续平衡的过程，也就是存货、应收账款和应付账款的周转速度保持不变，那么这个企业的最佳现金持有量就可以由以下公式得到：

$$最佳现金余额 = \frac{年现金需求总额}{360} \times 现金周转天数$$

3. 随机模型

前文介绍的两种确定最优现金持有量的模型均假设公司的运营情况相对稳定，并能精确地预测某一时间段内公司的现金需求。如果企业的现实状况与这两个假定存在较大差距，则可以采用随机模型。

随机模型假设企业每天的净现金流具有很强的随机性和不可预测性。在这一模型中，企业可以设定一个控制区，在现金余额超过这个控制区的最高限额时，将现金转换为有价证券；在现金余额低于最低限度的时候，就卖掉有价证券。如果现金余额在上、下两个界限内，则无论是现金还是有价证券都不能转换。

如图 4-1-6 所示，假设 H 和 L 为现金余额的上、下限，R 为恢复点。如果现金余额在 H 与 L 之间浮动，则不作调整；如果现金余额达到了上限 H，那么就用 H−R 的现金购买短期有价证券，这样，现金余额就会下降到 R；如果现金余额下降到下限 L，那么就卖掉 R−L 的短期有价证券来弥补资金，从而使得现金余额上升到 R。其中，下限 L 指的是企业现金的安全储备额，可以取为零，但在实际中，企业往往都不会等到现金余额降到零再补充现金，因此，L 通常取大于零的某一数值。L值是由企业的现金流状况和管理者的风险态度来决定的。

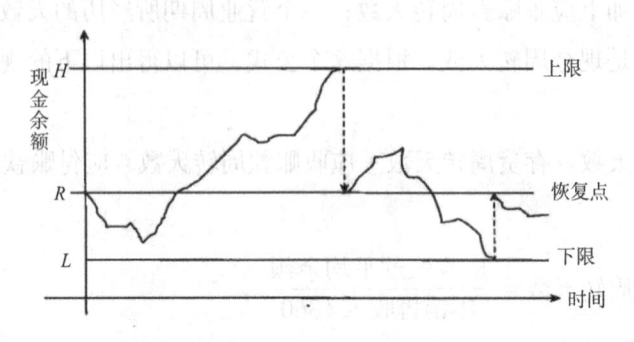

图 4-1-6 随机模型中现金余额与时间的关系曲线

### （三）库存现金的限额

库存现金限额是为了确保每个单位在日常零散开支中能够保留的最大金额。库存现金的额度是由开户银行根据开户单位的实际需求，以及与银行的距离等因素来核定的，通常是一个企业3~5天的日常零星支出所需现金。当距离较远或交通较不方便时，可由银行核准，确定最多15天支出需求库存现金额度。一般的开支需求不包括企业每月发放的工资、不定期的差旅费等大量的现金费用。一旦确定了库存限额，就要求企业严格执行，不得随意超出，超出限额的现金要及时存入银行；当库存现金不足时，可签发现金支票向银行提取现金，以弥补不足。

## 十、现金的使用与动用

### （一）现金的使用范围

公司的各项收入和支出等，均应遵守《现金管理暂行条例》的有关规定，在规定的范围内合理利用现金。企业可采用现金结算方式，包括：

①职工工资及津贴。
②个人劳务报酬。
③依照国家有关法律法规授予个人的各类科技、文化艺术和体育方面的奖励。
④各项劳保、福利开支及其他国家为个人所规定的开支。
⑤从个人处购买农副产品及其他物资所支付的价格。
⑥出差人员需携带的旅行费用。

⑦零星开支。

⑧其他中国人民银行认定须以现金支付的费用。

属于以上现金结算范围内的费用，企业可以在需要时，从银行中提取现金进行支付；而不属于以上现金结算范围内的款项支付，则全部通过银行进行转账结算。

### （二）不准坐支现金

在企业的经营活动中，往往会产生某些现金收入，如收取不足转账起点的小额销售收入、销售给不能转账的集体或个人的销货款、员工退还的差旅费剩余款等。公司收到现金就必须立即存入银行，而不能直接用来支付自己的支出。用所得的现款直接支付开支，称为"坐支"。企业如果因为一些特殊的原因需要坐支现金时，则必须先向开户银行申请，并经其审核同意，然后由开户银行核准。企业应当按时将企业的坐支额和使用情况报告给开户银行。没有银行的允许，企业不能擅自坐支现金。为加强银行的监管，企业将钱存入银行时，必须将钱的来源写在送款簿上。从开户银行支取现金时，企业应在现金支票上写明用途，并由企业的财会部门负责人签字盖章，并经开户银行审核后，予以支付。

### （三）充分利用闲置资金进行短期债券投资

1. 企业经营具有季节性

很多企业的产品的市场需求是有季节性的，在产品销售淡季，产成品的库存会大幅增加，从而导致大量的资金被占用；在产品的销售旺季，产品的销量会大幅增加，存货会逐步被卖掉，而商家也会因此获得巨额的利润。

2. 长期筹资

企业以发行股票、债券等形式，一次性募集大笔长期资金，但企业不可能立即把所有的资金都用光，这样就不可避免地造成了资金的暂时闲置。

3. 积累长期资金

企业由于有一笔即将到期的债务，或者是准备进行一项固定资产投资，所以在未来需要一笔金额较大的资金。企业往往需要提前一段时间进行阶段性的资金积累，这就造成了资金的短期闲置。

在资金暂时闲置的情况下，企业可以用这些闲置的现金去购买有价证券，这样既不会对企业未来的资金需求造成影响，又能提高企业的资金利用率。

## 十一、现金回收

### （一）加速现金回收策略

1. 缩短收款周转期

收款周转期，也就是从用现金购买原材料到生产出成品，再到销售产成品收回现金的过程所需的时间。

可以用下列方程式来计算现金周转期：

现金周转期 = 生产经营周期 – 应付账款平均付款期

= 存货平均周转期 + 应收账款平均收款期 – 应付账款平均付款期

由上述关系式可知，要使现金周转周期变短，就必须使库存的平均周转周期变短，使应收账款的平均收款周期变短，使应付账款的平均支付周期变长。所以，加强对存货、应收账款及应付账款的管理，是缩短企业现金周转期的根本方法。

2. 压缩收账流程

从企业产品或劳务售出，到客户款项被回收成为企业可用资金这一过程，包含了许多环环相扣的步骤，称为收账流程，如图4-1-7所示：

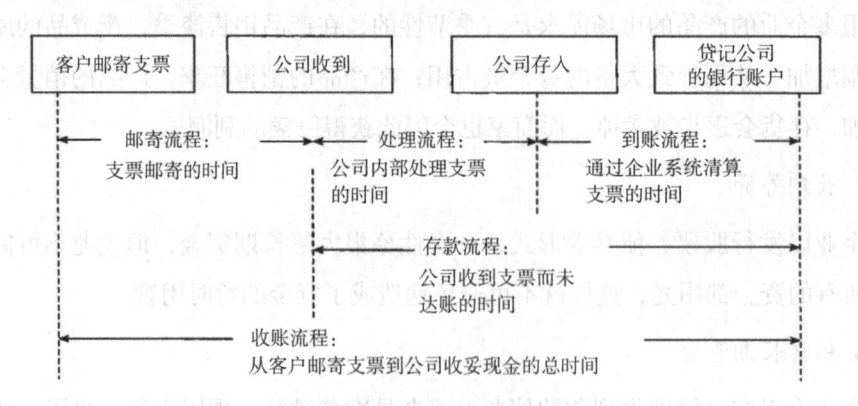

```
┌──────────┐   ┌──────────┐   ┌──────────┐   ┌──────────┐
│客户邮寄支票│──→│ 公司收到 │──→│ 公司存入 │──→│贷记公司的 │
│          │   │          │   │          │   │银行账户  │
└──────────┘   └──────────┘   └──────────┘   └──────────┘
   ├──邮寄流程:─┤├──处理流程:──┤├──到账流程:──┤
     支票邮寄      公司内部处理     通过企业系统清算
     的时间        支票的时间       支票的时间
                 ├────────存款流程:─────────┤
                   公司收到支票而未
                   达账的时间
   ├───────────收账流程:───────────────────┤
     从客户邮寄支票到公司收妥现金的总时间
```

图 4-1-7　收账流程图

如图4-1-7所示，可以从这几方面入手，来达到加速收款的目的：

①加快准备和邮寄支票的速度。
②加快款项从客户到企业的邮寄过程。
③缩短将款项转化为入账资金的时间。

### （二）加速收款的方法

应收账款的收款周期可以划分为两个阶段：一是从企业赊账销售产品到客户开出支票（或其他结算单据）的这段时间；二是从顾客开具支票后，到客户将款项汇至该企业的开户行的存款账户的这段时间。

为了缩短从客户开出支票到款项划入企业开户行的时间，企业应该尽可能地让客户选择一种比较快捷的结算方式，尽早地将款项划入企业开户行。企业在接到客户的支票或其他结算单据后，应当将这些文件立即送往开户行。为了加快催收速度，西方发达国家一般采取"银行业务集中"和"锁箱"两种方式。

1. 银行业务集中法

集中法，就是企业不仅要在自己的总部设立一个收款中心（基础账户），而且要根据企业销售网点的分布情况，在别的区域设立多个收款中心（基础账户），以实现统一收款。这样做的目的是缩短寄出支票和票据的时间，并缩短支票兑换的时间。在国内，企业同城结算一般使用支票，异地结算一般使用汇票。在本地建立收款中心，便于采用支票方式进行付款，节省汇款成本。但是，如果要在各地建立一个收款中心，就必须要在当地开设账户，这样就必须要在自己的账户上维持一定的存款余额，这就增加了企业的总沉淀资金。

2. 锁箱法

"锁箱"就是企业在各地租赁专门的邮箱，以便接收客户的支票。企业通知客户要将付款支票寄到当地租用的专用邮箱，并委托当地开户银行每天打开邮箱，对票据进行登记，并将款项存入企业的账户。当地银行会定期向企业通报收款情况，企业要向银行支付一定的费用。银行的直接介入使得支票的办理时间大大减少。相对于一般的催收方法，锁箱法可以将催收时间减少一半，然而，企业仍然要向银行缴纳费用，而且还要在委托银行保留一定的存款。

### （三）向银行送存现金的程序

各单位必须将当日收到的或超出库存量上限的现金，立即送交开户行。将现金存入银行的步骤如下：

①整点票币。在寄出款项之前，必须对寄出的款项进行清点和分类，并按照不同的货币进行分类。钞票应平放整齐，用纸条在中央打结，余为零头；硬币以100或50元为一卷，以10卷为一捆，以不足卷为零头，最终计算出所需存入的数额。

②填写现金进账单（缴款单）。按整点后的存款额填入进账单，各货币合计与存款额相符。

③将进账单和清点过的票币提交给银行。票币要一次上缴，并且要当面清点，若有出入，应当面核对。

④开户行接收后，应于现金进账单上盖"现金收讫"印章，并将交款人一联退回，以示付款已完成。

⑤按银行退回的盖有"现金收讫"和银行印章的现金进账单，制作会计凭证。

⑥按照记账凭证对现金日记账进行记录。

## 十二、现金支付、支出

### （一）现金支出管理规定

企业应当按照《现金管理暂行条例》中的有关规定，积极配合开立银行对其进行监管。

《现金管理暂行条例》第5条：开户银行可以在下列范围内使用现金：

①工资及各类工资性津贴。

②个人劳务报酬，包括稿费、讲课费及其他专业工作所得的酬劳。

③发给个人的奖金，包括按国家规定发给个人的各类科技、文化艺术和体育方面的奖金。

④各项劳保、福利费及其他国家对个人的支出，如转业、复员、退伍、退休及其他依规定支付给个人的开支。

⑤出差人员带的差旅费。
⑥从个人处购得农副产品及其他生活物资的价款。
⑦在转账结算起始点之下，部门之间的零星支出。
⑧其他中国人民银行认定须以现金支付的费用。

除了以上所列的可以用现金支付以外，企业同其他单位发生的经济交易，一律用银行转账。

企业和其他单位在动用现金的时候，还应注意下列事项：

①现金支出须有合法的凭证。使用现金支付要有凭证，办好手续，借钱要有合法的借据，不准以"白条"代替借据。

②支付个人现金，不得超过所列额度。每个单位都要严格遵守国家规定的支出范围，开户单位除了向个人购买农副产品和其他物资以及出差人员携带的差旅费之外，个人支付的现金超出限额部分可以转为储蓄或者以支票、银行本票进行支付，如果确实需要全部支付现金，在经过开户银行的审查之后，才能进行现金支付。

③不允许以现金购买国家规定的专控商品。企业采购专控商品必须通过银行转账，不能使用现金。

④各单位不允许相互借用现金。

### （二）控制现金支出策略

对付款流程进行优化，使付款时间尽可能地在一个合理的限度内延长。

1. 支付控制

延迟现金流出，最大限度地减少现金闲置时间，采取的主要措施包括：

（1）支付账户集中

如果一个企业拥有多个账户，则应及时将款项转入特定的账户或业务中，以免在一些账户上累积过多的现金。对付款进行严密监控的一种方法就是把应付账款集中到一个账号上，并把账号放在企业的总部。如果企业想取得应付账款的现金折扣，则应于折扣之期末付款；如果企业不想得到现金折扣，就应该在信贷期限结束前支付，这样就能最大限度利用资金。

对财务经理而言，账户管理的简单理念就是"每一个账户都要有充足的资金，但不要累积太多的现金结余"。要做到这一点，就必须利用先进的计算机系统，每日都能掌握进账的信息，最好能开发一套将多余的钱从企业自有账户上自动转拨的系统。

（2）展期付款

在不损害企业信用的情况下，尽量延长支付时间，减少企业的现金开支。

（3）建立零余额账户

零余额账户（ZBA）是一种总是将结余维持在零平衡状态的企业支票账户系统。该系统需要一个能填补子账户负值和储存子账户正值的主账户（父账户）。

在国外，很多大型银行都推出了零余额账户业务。在这个系统之下，一个主要的付款账户为其他所有的次级账户提供服务。每日末，在所有的支票都被清算之后，银行会将足够的钱从主账上划到每个支付账户上（工资账户、应付账款账户等）。如果零余额账户分散于一家或多家银行，则可通过电汇从中心账户中划拨。通过这种方式，除主要账户以外的其他付款账户将每天维持零余额。

该系统既能强化对银行现金支出的监控，又能使银行各子账户中的空余资金得到有效的清除。

（4）远程支付

远程支付是指当公司在一个较远的地方有分公司时，这个分公司无法在当地支付欠款，只能通过公司指定的付款银行来完成远程支付。其目标是尽量延长支票的收发时间，以达到控制现金开支的目的。

2. 利用浮账量

未结清支票的存在使得企业在银行的可用资金比企业账目中现金更多。企业的银行存款余额与其账面现金余额之间的差值，叫作"净浮账量（net float）"。

当一张支票被开出和最后被银行结算时，会有一个时间差。浮账量就存在于这个时间差中。如果能精确估算出净浮账量，则可降低企业的存款金额，运用资本进行投资，获得利润。这就是所谓的"利用浮账量"。

举例来说，一家公司在一家银行有100万元的活期存款，若这家公司开出了30万元的支票，并且知道这张支票还没有付清，那么它的活期存款余额仍然是100万元，而非70万元。在这种情况下，公司就可以继续拥有和使用这个30万元的账户。

近年来，随着电子商务的迅速发展，其对浮账量的使用也产生了一定的影响。在电子商务模式下，电子数据交换（EDI）已成为人们进行商务信息交换的主要模式。信息交流和付款行为更加快速，更加安全，这有助于企业更好地预测现金状况，以及对现金的管理；另一方面，电子通汇也取消了浮账期件，对于一些企业而言，这意味着理财收入将会有很大的损失。

### （三）现金支付的方式

在出纳工作中，现金支付的主要方法有两种：

1. 直接支付现金的方式

直接支付现金方式是指出纳人员依据相关支出凭证，直接进行现金支付，从而减少库存现金的数额。

当采用该方法支付现金时，出纳人员应提前做好现金储备，保证不超出库存现金限额。

2. 支付现金支票的方式

支付现金支票的方式是指出纳员在核对相关单据无误后，将填写好的现金支票交予收款者，由收款者向开户银行提款的一种付款方法。此种付款方法和直接现金付款方法是一样的，主要用于大笔现金付款。

### （四）支付现金的程序

1. 主动支付现金的程序

主动支付是指出纳人员把现金付给收款单位或个人，如发放工资、奖金、薪金、津贴和福利。主动支付现金的步骤如下：

①在相关信息的基础上，准备编制付款单，计算支付数额。

②按实际支付的款项数清点现金。

③当向收款者发放现金时，出纳人员与收款者应当面清点，并由收款者签收（签名或印章）；由别人代收的，应当由代收人签名。

④按照支付单据和其他数据，编制会计凭证。

⑤按会计单据进行现金日记账的记录。

## 2. 被动支付现金的程序

被动支付现金是指收款单位或个人拿着相关凭证到出纳处领取现金。这项工作的程序是：

①接收来自其他单位或个人的报销单据、借据、收条等原件。
②对票据原件进行审查。
③经核实后的支付单据盖"现金付讫"章。
④支付现金后重新清点，并请收款人当面清点。
⑤按照原始凭证的要求，编制会计凭证。
⑥按照会计单据对现金日记账进行记录。

# 第二节 现金流管理

## 一、现金流综合知识

现金流对企业的价值有直接的影响。以"现金为王"的金融理念，已深入企业经营活动的各个方面。企业只能用现金来支付，而不是会计利润。利润很好但没有现金流的企业，就有可能出现无法支付的危机；但如果企业有足够的现金流，但盈利能力差，那就不用担心了。在1998年的亚洲金融风暴和2008年的全球金融危机中，这些经验都得到了充分的证实。

现金流的管理不仅应该反映在企业经营的层次上，还应该上升到战略的高度；无论是在当前运营价值（Current Operating Value，COV）上，还是在未来成长价值（Future Growth Value，FGV）上，现金流管理都具有决定作用。

### （一）现金流的概念

现金流是一个重要的指标，反映了企业在一段时间内的现金净收入情况。它可以通过计算一个时间段内的现金收入和支出来衡量，并且可以用来评估企业的财务状况。与企业的净利润一样，现金流也是一个速率变量，可以反映企业的经营状况。

## (二)现金流的分类

现金流有三种不同的类型,即运营现金流、投资现金流和筹资现金流,下面将分类讨论:

### 1. 运营现金流

"运营现金流"也被称为"经营现金流",指的是企业通过日常经营活动获得的现金收益。由于目前的会计制度是权责发生制,因此,在通常情况下,会计净利润并不能代表企业的"运营现金流"。此外,流动资产和负债的变动也会对"运营现金流"造成影响。例如,一家公司的净利润是100元,但是,年末时,存货比年初增加了100元,导致该公司这100元的净利润被大量的存货所占据。根据现金流的概念,运营现金流等于运营现金收入减去运营现金支出。

### 2. 投资现金流

投资现金流指的是企业在期内投资活动的净支出,包括固定资产投资、无形资产投资和长期资产投资的支出。减去固定资产等处置收入和长期投资收入。

### 3. 筹资现金流

企业的筹资现金流反映了在一段时间内从外部筹集现金的净值,包括借新债、偿还旧债、发行股票、回购股票和支付股东红利等活动。根据国际上的惯例,在会计处理中,负债利息支出应计入运营现金流,而不计入筹资现金流。然而,我国财政部规定将利息计入筹资现金流,这与国际标准存在较大差异。筹资现金流既有正值也有负值,正值表明筹集了资金,增加了负债或权益;负值意味着偿还了债务,减少了负债或权益。

## (三)企业现金流量循环

企业在运营过程中,每一项活动都会产生现金流入或流出,如发行债券、向银行借款、销售产品和提供服务等,这些活动都会带来现金流入。此外,企业采购材料、支付员工工资、上缴税款、投资固定资产、偿还债务和向股东支付现金股利等,这些活动会产生现金流出。企业的现金流动是指现金收入和现金支出的统称。企业现金流动通常用货币来计量,即现金流量。对于正常运营的企业来说,现金流量是一个循环,如图4-2-1所示:

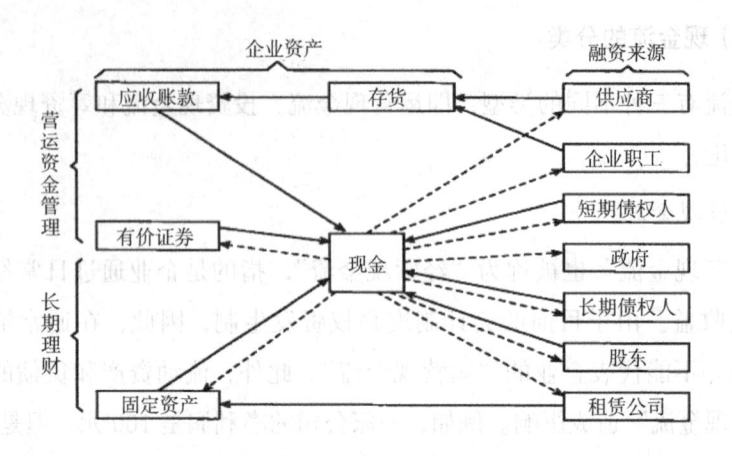

图 4-2-1 企业的现金流量循环情况

现金流量循环周期按照长短，可以分为短期现金流量循环和长期现金流量循环，前者的循环周期在 1 年以内，后者的循环周期在 1 年以上。

1. 短期现金流量循环

企业的短期现金流量循环主要包括：

①购买原物料，生产经营，销售并收回货款。

②向企业员工发放工资。

③向银行等机构申请短期贷款，到期偿还。

④税收的缴纳。

⑤在资金暂时不用的情况下买入债券，在资金不足的情况下卖掉债券获得资金。

图 4-2-1 中的上半部显示了企业的短期现金流量循环。

2. 长期现金流量循环

企业的长期现金流量循环主要包括以下内容：

①通过长期借款或发行长期债券筹得长期资金，并于指定时间内支付债务的本息。

②以发行股票的方式筹集长期资金，并按时支付股利。

③以购置或租赁的方式取得固定资产，以折旧的方式逐渐收回固定资产投资。

图 4-2-1 下半部分显示了企业的长期现金流量循环。

### （四）营运资金管理

1. 概念

营运资金是公司对流动资产所作的投资。对营运资金的定义，有广义和狭义两种：

（1）广义的营运资金

广义的营运资金又称为毛营运资金（Gross Working Capital），是指企业的流动资产总额。

（2）狭义的营运资金

狭义的营运资金又称为净营运资金（Net Working Capital），是指流动资产减去流动负债后的余额，是企业以长期融资方式满足的那部分流动资产投资。

因此，营运资金包括流动资产和负债管理。

2. 意义

对企业来说，做好营运资金的管理是非常重要的。

①在很多产业中，流动资产占到了企业总资产的近半数。尽管对每项流动资产的投资比对固定资产的投资要少，但企业对流动资产的总投资却往往与对固定资产的投资不相上下。在一般情况下，流动负债在负债总额中也会占到很大的比例，所以，在企业的财务管理中，营运资金的管理起着非常重要的作用。

②企业经常会发生与营运资金相关的经营活动。企业财务人员在日常工作中，所要处理的是与企业的流动资产、流动负债等相关的经济事务，这些事务占据了财务人员在日常工作中大量的时间和精力。相比较而言，固定资产投资和长期融资的出现次数要比流动资产投资和短期融资少得多，并且诸如投资项目的可行性研究和财务评价之类的工作经常委托给企业的外部咨询机构来进行。因此，财务人员对长期投资和长期融资的关注比对营运资金管理的关注少得多。

③企业的营运资金管理涉及企业的生产、销售等各个方面，因此，做好企业的流动资产投资决策工作，对企业的长远发展、提高企业的经济效益、加快企业的现金流转速度，从而达到企业的最大价值，都有着十分重要的作用。

④做好营运资金的管理，与企业的短期偿债能力有直接关系，对企业财务风险的控制、提高企业的声誉、提高企业的财务实力，都有十分重要的作用。

## 二、现金流风险

### (一)现金流预警体系的意义

企业集团是一种拥有较为复杂的母子公司结构的企业组织形式,其财务风险与一般企业存在着较大的差异,所以,对财务风险进行监控和进行危机预警已经成为企业集团财务管理的一项重要工作。所以,构建一套适用于我国企业集团的财务危机预警系统,进行早期预警和采取预防措施,对于推动我国企业集团的健康发展,降低破产风险,无疑是非常有意义的。根据企业集团的风险特点和危机生成过程,还根据指标的显示前后及与财务危机形成的关系程度,可以从以下四个方面对财务危机预警体系进行指标设计:

①以集团运作为切入点进行研究。
②从融资风险和资本结构的视角进行研究。
③从集团的投资和获利角度来考量。
④以现金流量为切入点进行研究。

因为现金流量指标对企业集团的财务风险最为敏感,也能最为直接地反映财务风险,因此,在企业集团的投资、融资和经营活动中,通常都要对现金流量指标进行全面的考察。然而,由于财务失败都是由现金流量不足造成的,因此,应该将现金流量作为一个风险测度项目来进行考核,现金流预警体系就成了财务危机预警体系的核心。

### (二)现金流预警指标的设计

通过对国内外企业财务管理实践经验的总结,本书分别针对投资、筹资、经营和收益的质量设计了现金预警指标,以此反映并考察企业现金流量满足生产经营、投资和偿债需要的程度。

1.现金偿还债务能力分析

(1)现金流量与当期债务比

$$现金流量与当期债务比 = \frac{经营活动现金净流量}{流动负债}$$

现金流量与当期债务比主要用来表示现金流量对当前债务偿付的满意度的指标。这一比例越高，则说明企业的现金流量越有保障，企业的流动资金状况越好。

（2）现金债务保障率（现金债务总额比）

$$现金债务保障率 = \frac{经营现金净流量}{债务总额}$$

现金债务保障率主要用来衡量企业的现金流量与其债务偿付的满意度的指标。这一比例越大，说明企业承付能力（这一比例的最低值不得低于银行同期的贷款利率）越多。

2. 获取现金能力分析

（1）每元销售现金净流入

$$每元销售现金净流入 = \frac{经营现金净流量}{销售收入净额}$$

该比率反映每元销售得到的净现金，越大越好。

（2）每股经营现金流量

$$每股经营现金流量 = \frac{经营活动现金净流量 - 优先股股利}{发行在外的普通股股数}$$

该比率反映每股经营现金净流量，越大越好。

（3）全部资产现金回收率

$$全部资产现金回收率 = \frac{经营活动现金净流量}{全部资产}$$

该比率反映资产投资的回收程度，越大越好。

3. 财务弹性分析

（1）现金满足投资比率

$$现金满足投资比率 = \frac{近5年经营活动现金净流量}{近5年资本支出/存货增加/现金股利}$$

现金满足投资这个比率越大，意味着现金自给率越高，如果这个比率为1，则意味着企业能够通过经营获得的现金来满足自己扩张所需要的资本；如果这个比率低于1，则表示企业必须依靠外部融资才能获得扩张所需要的足够的资金。

（2）现金再投资比率

$$现金再投资比率 = \frac{经营活动现金净流量 - 现金股利 - 利益支出}{固定资产原值 + 对外投资资产 + 其他资产 + 营运资金}$$

该比率说明有多少现金留下并投入企业用于资产更新和企业发展。

（3）现金股利保障倍数

$$现金股利保障倍数 = \frac{每股经营现金净流量}{每股现金股利}$$

该比率越大，说明企业支付现金股利的能力越强。

4. 收益质量分析

$$现金营运指数 = \frac{经营活动现金净流量}{经营净收益 + 经营非付现费用}$$

该指数用于分析收益的质量，特别是针对"黑字破产"而言。

## 三、企业现金流量规划

### （一）现金流量规划的作用

制定现金流量规划的目的，是对企业现金流量产生影响的各种业务进行合理的处理，对资金进行有效的调度，从而确保企业的现金流可以维持正常的循环。在现实生活中，有很多利润较高的企业，因为货款不能及时回收等原因，导致企业的现金严重不足，从而企业没有办法购买材料，支付员工工资、水费、电费等。还有其他的企业，虽然可以将货款回收回来，但是，因为没有规划，导致大量的资金被闲置，这极大地影响了资金的周转率，进而削弱了企业的盈利能力。

通过现金流量规划，企业能提前预估到计划期间的资金缺口，提早安排筹措资金，使企业能较大程度地避免资金短缺的情况。通过制定现金流量规划，企业还能够对计划期内的暂时闲置资金进行预测，从而能够提前作出短期投资决策，将现金余额保持在一个合理的水平上。除此之外，财务人员还可以通过制定现金流量规划，对企业的偿债能力和盈利能力等方面进行规划，从而改善企业的未来财务状况和经营成果。

## （二）预计现金流量表

预计现金流量表也是一个很好的工具，可以用来规划企业未来的现金流量。编制预计现金流量表能够弥补现金预算中的缺陷，有助于对计划期内企业的资金流动情况和企业的经营能力进行全面的认识，并能凸显出某些长期的资金筹措和使用的方案在计划期内对企业产生的影响。

## 四、现金流量的控制

### （一）现金流量控制的五种模式

资金控制是同集权与分权的管理体制有关的，即企业集团内部所属各子公司是否有对货币资金使用的决策权、经营权。因为，现金控制的目的就是避免企业出现支付危机，维持现金流量的均衡，并利用现金流量来对企业的经营和财务活动进行有效的控制，从而获得最大的利润。所以，现金控制的集权与分权的程度、集团的组织设计的改变和营销策略等，都会对现金流入和流出的平衡产生影响，从而对企业集团的经营和财务活动的效率产生影响。

1. 统收统支方式

这种模式指的是企业所有的资金收付活动都集中在集团财务部门，各个分支机构或子公司并没有独立的账户，所有的现金支付都是由财务部门进行的支配，对现金收支的批准权高度集中在经营者或经营者授权的代表的手中。这种方法可以使企业达到总的收支平衡，增加现金的周转率，减少资金的沉淀，控制资金的外流；然而，这种统收统支方式并不能有效促使各个层级开源节流，也不能有效地发挥各个层级的灵活性，从而导致集团的运营和财务工作效率低下。

2. 拨付备用金方式

拨付备用金是指企业在规定的时间内，将一定数额的资金统一分配给其下属的分公司或子公司，供它们使用。各分公司、子公司如有现金支出，应凭相关单据向公司财务部报销，以补充备用资金。相对于统收统支方式，拨付备用金方式具有以下特征：

①集团下属的分支结构或子公司具有一定的现金管理权。

②集团下属的分支机构或子公司，在集团规定的现金开支范围和开支标准内，就所拨付的现金有决定权。

③集团下属各分支机构或子公司尚未设立单独的财务部，其各项费用的报销，仍需由集团财务部审批，所有现金收入均需由集团财务部统一处理。

以上方法仅适用于同一城市或相邻地区的非独立会计分行，对于独立核算的下属子公司则不宜采用此方法。

3. 设立结算中心方式

结算中心一般是指企业为处理集团内各个成员单位或分支机构之间的现金收款、支付、结算等业务而成立的组织。一般设在财务部内部，是一个独立运作的功能组织，具有以下几个方面的职能：

①对各成员或分支机构的现金收入进行统一管理，当各成员或分支机构收到现金收入后，应立即转入结算中心所开立的银行账户内，不得有任何挪用行为。

②对各成员或分支机构开展经营活动所需要的货币资金进行统一分配，并对其流向进行监督。

③协调外部融资，保证全集团所需的资金。

④处理下属分支机构间的业务往来，并对分支机构在结算中心的净现金流量及对应的利息费用、利息收益进行核算。

⑤核准下属子公司的每日保留现金余额。

设立结算中心的方式有如下特征：

①每个分支机构均设有独立的财务部，有单独的账号（一般为两个账号），并具有对现金的经营权和决策权。

②为减少分散化经营带来的现金沉淀金额，提高现金周转率，降低资金成本，集团对下属分公司的现金实行集中控制和集中结算。

③实行收支双线核算，各个分公司按照结算中心核定的最高现金保存额（一般是按照日常零星支出的支付需求来计算），将每天超出的现金收入存入由结算中心开设的专用账户中，在每个分公司所需的现金超出核定额度的情况下，都要提前向结算中心申请。

④对于每个分支机构的申请，采取两种不同的管理方法：

第一，分项目审批制度，各项目的使用均须注明用途、金额和时间，并经经营者人或授权人核准后方可使用。

第二，越权审批制度，凡是超出了部门负责人的权限，都要由经营者或者授权人员来核准。

⑤关于现金管理的规则，应由企业集团制定，包括收入和支出规则。结算中心会依据规则，监督每个分支机构的现金缴纳和支取，如果分支机构不遵守规则，则将会受到严厉的惩罚。

⑥分支机构不得向外部直接借款，由结算中心负责对外交易。可以看出，结算中心方式并不是指将各个子分公司的所有现金都集中在资金总库中，而是在资金的动员、资金流动和投资等决策流程上的集中化，每个子分公司都具有很大的管理权和决策权。

4. 设立内部银行方式

内部银行指的是在企业的内部管理中，将社会银行的基本功能和管理方法引入企业，从而构建出的一种内部资金管理机构。

①内部银行的主要任务是完成公司或集团内的日常交易、资金的调拨、规划等，具体内容如下：

第一，建立一个内部结算账户。各子公司都有一个内部银行的账户，在企业的生产和经营过程中，所有的实物转让、劳务协作都被看作是一种商品的交易，都是通过内部银行来完成的。

第二，支票与货币的发行。内部银行按照相关规则，发行自己的支票和货币，供分支机构进行结算。

第三，进行对内借贷。内部银行按照集团对分支机构所规定的资本额度、费用额度等要求，向分支机构放贷。在管理上有两种方式：

A.全额有偿占用方式，无论是在定额内，还是超过定额的内部贷款，均采用有偿占用，并计算利息；

B.差额有偿占用方式，即对超出额度的贷款部分，按利率计息或多收利息。

第四，融资，由内部银行统一对外融资，任何分支机构都没有权利向外部融资，内部银行应按照公司的经营情况进行统筹安排，使资金得到合理分配。

第五，建立结算制度，由内部银行统一规定结算方式、时间，规范结算行为，并监督结算过程中资金流动的合理性和合法性,及时发现问题,改正不足。

第六,构建信息反馈系统,由内部银行定期或不定期向各个分支机构提供资金周转情况报告,并上报公司或集团,以便对资金运用情况有一个全面的了解。

第七,银行化管理,设立贷款责任制,加强对资产的风险控制,并进行相对独立的会计处理,自负盈亏。

②建立内部银行,将一种模拟的银行和企业的关系引入企业内部的资金管理中,各个子公司与企业之间是一种贷款管理关系,内部银行成为结算、发行、放款和监督的中心。

第一,内部银行的现金经营特点有以下几个方面:

A. 各分支机构间的现金收款、支付、清算等业务,都是在内部银行开立一个统一的账户;在通常情况下,不会向外部交易。

B. 各个分支机构都在内部银行分别设立一个存款和一个贷款账户,并对其实施存贷分户管理,实现收入和支出分离。各个分支机构与内部银行之间是存贷关系,并实行有偿存贷制。

C. 每个分支机构都有独立的财政权力,可以根据自己的需要来安排自己的资金,也就是说,每个分支机构都有自己的现金管理和决策权力。

第二,在实际操作中,根据内部银行对资金管理的集中度,可以将内部银行的管理模式划分为以下类型:

A. 高度集中模式。这种模式是一种在内部银行刚开始实行时所使用的一种管理模式,如今,它仍然在很多企业集团中保持着活力,它的最大特点就是对资金使用权的高度集中,对主要原材料采购等重要的资金进行统一使用。集中式管理模式的运用,要求有通畅的资信通道,以及行之有效的控制和监督方法,才能确保投资决策的有效性和正确性。在集团中,各个公司的地理位置都比较集中,各个子公司之间的联系非常紧密,同时,集团领导层的决策手段很先进,管理水平很高,以确保集权的管理层可以作出灵活的反应、迅速作出决策,降低管理成本。

B. 相对分散模式。这种模式是一种集中控制重大投资权,集中对外融资和纳税,内部单位集中在内部银行开户,使用权分散,各单位对存放在内部银行的流动资产使用完全负责的模式。这一模式适用于超大型集团,各个子公司之间的生产和业务内容差别很大时使用。

C.松散模式。在这种模式中，企业集团的成员并没有将所有的现金形式的流动资产都存入内部银行，而是采取了与银行往来结算中心相似的方式，只在内部银行中开设一个结算账户，并将结算准备金存入其中，以确保集团内的结算能够顺畅进行，并为集团对其下属单位的奖惩提供了资金依据。因为集团成员对流动资产的管理更加自由，所以，它们在向内部银行借款时，可以按不同的利率来计算利息。目前，这一模式在国内还比较少见，国外一些大的跨国公司已经有了相似的实践。

第三，内部银行对资金管理的影响表现在：

A.改善资金的总体利用效益。在内部银行模式下，企业或集团对各个分支机构的现金控制以集中存款和放贷控制为主，前者使各个分支机构的现金流处于内部银行的监控之下，把被总部所占用的资金保留在"体内循环"，从而减少由于对外流动资金贷款所引起的财务成本；后者则是对清算期间出现的暂时空余的资金进行整合，并利用信用关系保证各个分支机构的资金合理使用。

B.集团内部各层次的管理人员加强了对资本时间价值、资本成本的认识，促使集团重视财务会计工作，加快资本的流通速度。

③内部银行制度的创新需要。

第一，随着时代的发展，企业集团的组织结构和产权发生了巨大变化。在原有的计划体制下，大型企业拥有多层次的组织管理机构，但是，由于各级管理高度统一在完成国家计划之下，资金集中管理的要求较低。企业集团内部组织结构和产权发生了巨大变化，一些以大型企业为核心，另一些则从传统的行政管理模式中脱胎换骨，形成了新的组织架构和运营机制。企业集团内部银行面临着一个重要挑战：在股份制改造和联合或兼并的情况下如何适应不同的财务管理模式，这需要内部银行以资金管理为中心，并寻找适当的解决方案。

第二，20世纪80年代初，企业集团内部成员间的利益关系发生了巨大变化，因此，内部银行应运而生，以满足企业内部结算的需求。当时，各内部单位利益紧密相连，因此，企业可以轻松地实施转移价格体系和结算制度。随着市场的变化，许多企业集团成员不仅处于外部的产品和资金市场中，而且还处于内部的交换中心中。因此，为了应对"准市场"机制与外部市场机制之间的冲突，内部银行必须对现有的制度进行调整，以确保企业集团的可持续发展。

第三，在竞争日益激烈的市场中，内部银行不仅要实行资金管理职能，还要强化内部控制，并积极收集和分析有关管理决策的信息。

第四，随着外部市场的日益成熟，对内部银行资金的使用也提出了更高的要求。然而，由于某些集团对内部银行缺乏有效的控制，导致重大投资失败，最终导致企业破产；还有少数管理者则利用这些资金谋取私利，甚至走上犯罪的道路。

5.设立财务公司方式

财务公司是一种专门从事非银行金融服务的机构，不仅提供抵押贷款服务，还提供外汇联合贷款、债券承销、不动产抵押、财务咨询等服务。通常，财务公司是在集团公司发展到一定规模时，经过人民银行审批，成为集团公司的子公司，并承担起集团公司的理财职责。

财务公司的具体功能和特点表现如下：

①利用集团内部的转账结算、融资租赁、买方信贷以及担保、资信调查、信息服务、投资咨询等多种手段，有效地促进了资金的流动，并且可以有效地解决集团内部的中间产品的采购和销售的问题，从而实现了全方位的服务。

②通过与其他企业合作，财务公司可以利用各种方式获得资金，包括拆借、发行债券、购买新股票、进行外汇买卖、进行有价证券买卖等，以此来提高集团的融资能力，并在其中扮演重要的角色。

③通过将集团的闲置资金投入到更具潜力的领域，以提升集团的经营效率。

④财务公司是一个独立的法人企业，它与其他企业之间的关系是一种平等的竞争关系。

⑤财务公司通过经营一些非银行金融业务来获取收益，并且可以独立地承担一些银行的职责。

⑥财务公司还负责监督子公司和投资项目的资金使用情况。

通过设立财务公司，企业将实现一种完全市场化的企业与企业或银行与企业的关系，使得集团各子公司拥有更加自主的财务管理权，并且可以根据实际情况自主决定如何运用资金。集团的现金管理由财务公司负责，财务公司会严格限制子公司的资金使用，并以独立的经济利益为基础。因此，集团的领导层不会直接干涉子公司的资金使用和收入。

随着国企股份制改革的不断深入，财务公司在企业集团中的重要性日益凸显，因此，财务公司应该以资金为纽带，将信息、人才和管理有机结合，以实现企业的可持续发展。

①通过建立财务公司与集团成员的共同投资机制，将产业资本和金融资本有效地整合在一起，构建一个具有强大金融功能的综合性体系，从而有效地促进集团的经济增长，提升企业的整体竞争力。

②作为集团的信息枢纽将不断搜集、整理、分析国际国内的经济形势、政策、法令、汇率等，以便更好地指导集团的子公司进行有效的投资决策。

③通过促进技术进步，财务公司不仅要担负起集团的投资中心和投资顾问的职责，而且还要积极参与对集团发展至关重要的重大项目，以提升企业的竞争力，同时要科学、合理地调整集团各子公司的固定资产和流动资产的配置，通过利用自身的信息优势、理财技巧，为投资者提供专业的咨询服务，协助他们作出明智的投资决定。

④从业人员需要拥有丰富的金融、投资、证券和财务管理方面的专业知识，并且要拥有自主思考、敢于挑战的精神。

各种模式建立和运用的条件比较，如表4-2-1所示：

表 4-2-1 各种模式建立及运用的条件比较

|  | 对子公司的权利安排 | 结算中心的功能 | 与集团的关系 | 配套的组织形式 | 与银行的联系 | 技术支持 | 效果 |
| --- | --- | --- | --- | --- | --- | --- | --- |
| 统收统支 | 高度集权 | 存放现金 | 存在于集团之中 | 职能式 | 紧密 | 手工操作 | 完全控制，但僵硬 |
| 拨付备用金 | 一定范围的灵活 | 报销中心 | 存在于集团之中 | 事业部制 | 紧密 | 手工操作 | 适当灵活 |
| 结算中心 | 集权与分权结合 | 结算中心、现金调控中心、贷款中心 | 存在于集团之中 | 事业部制 | 半紧密 | 通过银行网络或集团内部网 | 资金的有效、均衡性 |
| 内部银行 | 集权与分权结合 | 结算中心、集团货币发行中心、贷款中心 | 存在于集团之中 | 事业部制 | 半紧密 | 通过银行网络或集团内部网 | 银行化管理，资金使用高效 |

续表

| | 对子公司的权利安排 | 结算中心的功能 | 与集团的关系 | 配套的组织形式 | 与银行的联系 | 技术支持 | 效果 |
|---|---|---|---|---|---|---|---|
| 财务公司 | 分权 | 投资中心、筹资中心、信息中心 | 独立于集团或相互渗透 | 非银行的金融机构 | 松散的 | 财务公司与银行或其他金融机构联网 | 完全市场化管理 |

### （二）现金流量控制的新形势

企业必须转向柔性生产和定制化生产，以满足消费者的需求。此外，全球经济一体化和竞争日益激烈，"以不变应万变"的传统企业集团组织结构必须进行相应的改变，资金管理模式也必须进行创新。

企业可以采用一种全新的组织架构——恒星制组织结构。这种架构由"恒星""行星""卫星"三个层级组成，每一层级都拥有完全独立的决策权，上一层级授予下一层级更多的自主权，以此来实现企业的高效运营。它的分权机制比事业部更加完善，从管理层面一直延伸到基层，形成了一种事业部内套事业部的有效结合模式。

采用恒星制组织结构，可以有效地提升组织的灵活性，使企业能够更好地应对多样化和跨国化的经营需求，而不需要增加组织层级。为了满足定制化生产的需求，各层级的组织可以采用不同的结构形式，如事业部、工作队、传动机构等，以实现更高效的管理。网络化管理模式是跨国企业中最常见的一种方法。

随着组织架构的变革，企业的管理方式也会相应地发生变化，其中，最显著的变化就是财务管理模式的转型。由于新的组织架构实行高度的分权，如果没有有效的财务监督，就会导致企业面临严重的风险。此外，网络技术的应用也为集成化管理提供了可靠的支撑，可以有效地提升财务管理的空间、时间和效率，从而实现更好的经营绩效。通过运用先进的网络技术和信息融合手段，企业可以有效地将财务、业务、供应链结合在一起，从而大幅度提升整体的运营效率，缩短生产周期，提高产品质量、服务水平，增强企业的灵活性，并有效降低库存量；通过引入现代网络技术，企业能够具有低能耗、低物耗、高效益、高应变的能力，实现物流、资金流和信息流的高度统一，并且实现财务的实时管理，以满足柔性生产、组织扁平化和产品个性化的市场需求。这种财务管理模式与传统财务管理模式有着显著的不同，它从源头上实施管理，通过远程处理和在线管理，实现了对财务的动态管理，从而提升了企业的效率和竞争力。通过事前计划、事中控制和事后反馈，企业能够实现对业务的全面管理。

### （三）现金流量集成化控制的完善步骤

1. 企业内部财务集成

集成化管理已经成为当今许多大型企业的一种重要策略。通过建立一个全面的财务系统，将各级机构的财务信息进行统一核算、集中管理，可以让每个机构都能够独立完成财务报账，这样不仅能够减少基层组织财务会计人员的工作量，也能够降低会计费用的开销。此外，企业还可以利用银行网络，快速调度资金，让闲置的资金得到及时的利用，进一步提升资金的利用率。为了实现财务集中核算的目标，企业应该重新组织财务结构，建立扁平化的财务部门。目前，一些具有较好电算化基础的企业已经基本实现了这一目标。然而，大多数企业仍然需要加强基础管理，实现内部财务集成，如图4-2-2所示：

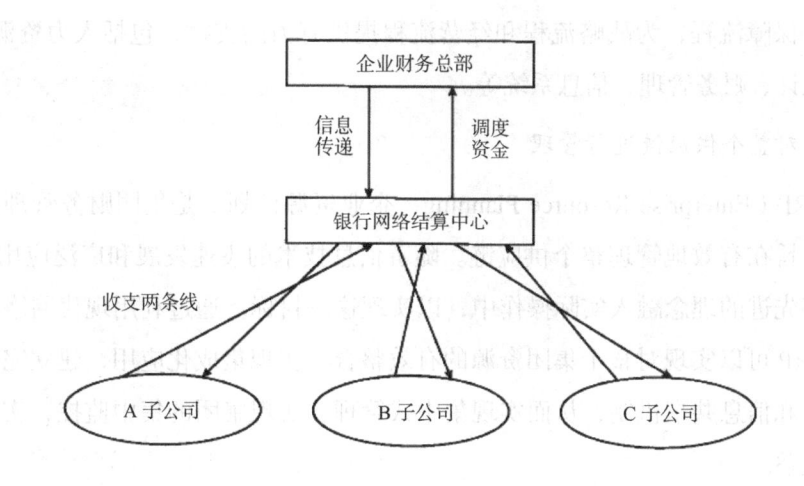

图 4-2-2 企业内部财务集成

## 2. 企业内部财务与业务的集成

随着网络技术的发展，各部门之间的分工变得越来越模糊，财务管理和业务管理也开始融合。同时，会计成为企业财务状况和经营成果的综合反映和监督的重要工具。企业的财务状况和经营成果取决于供应、生产和销售各个环节的运营情况，人力、物力和财力的节约和浪费都会直接影响企业的财务状况和经营成果。因此，要想管理好财务，不仅需要财务信息，还需要供应、生产、销售、人力、物力等各方面的信息。通过将财务管理与业务管理有机结合，利用各种信息资源，实现集团内部价值链的有效管理，从而为实施全面的供应链集成提供坚实的基础。这就是集成化财务管理的第二阶段。为了达成第二步目标，企业必须重新构建内部的工作流程，精减中间环节，并建立一个跨越不同职能的团队。

根据流程的规模和范围，将流程划分为三大类：

①战略流程，旨在制定未来的发展战略，包括产品和服务的研发以及新流程的开发等。

②经营流程，是指企业可以实现的日常功能，如开拓市场、生产、营销、顾客支付等。

③保障流程，为战略流程和经营流程提供有力的支撑，包括人力资源管理、会计统计、财务管理、信息系统等。

## 3. 对整个供应链进行管理

ERP（Enterprise Resource Planning，企业资源计划）是集团财务管理的核心思想，旨在有效地管理整个供应链。随着信息技术的飞速发展和广泛应用，ERP系统将先进的理念融入实际操作中，以实现这一目标。通过利用现代网络通信技术，ERP可以实现对整个集团资源的有效整合，实现集成化应用，建立完善的数据体系和信息共享机制，从而实现集中式管理，实现集团的集中监控，实现规模经济效益。

ERP系统的设计思想体现如下：

①将客户需求、企业内部经营活动以及供应商资源有机结合。

②将企业的流程视为一个跨越全球的供应链，从供应商、制造工厂、分销网

络到客户，并将企业内部划分为几个相互协作的支撑子系统，以实现对市场和客户需求的快速响应，从而提升企业的竞争力。通过财务、市场营销、生产制造、质量控制、服务维护、工程技术等多种方式，以及对竞争对手的全面监督和管理，可以实现企业的发展。ERP 系统为供应链中的各个环节提供了强大的管理功能，从订单、采购、库存、计划、生产制造、质量控制、运输、分销、服务与维护、财务管理、人力资源、实验室管理、项目管理、配方管理等，都可以有效地实现管理。实际上，这是一种综合运用企业供应链、价值链和信息链中的各种资源的方法，如图 4-2-3 所示：

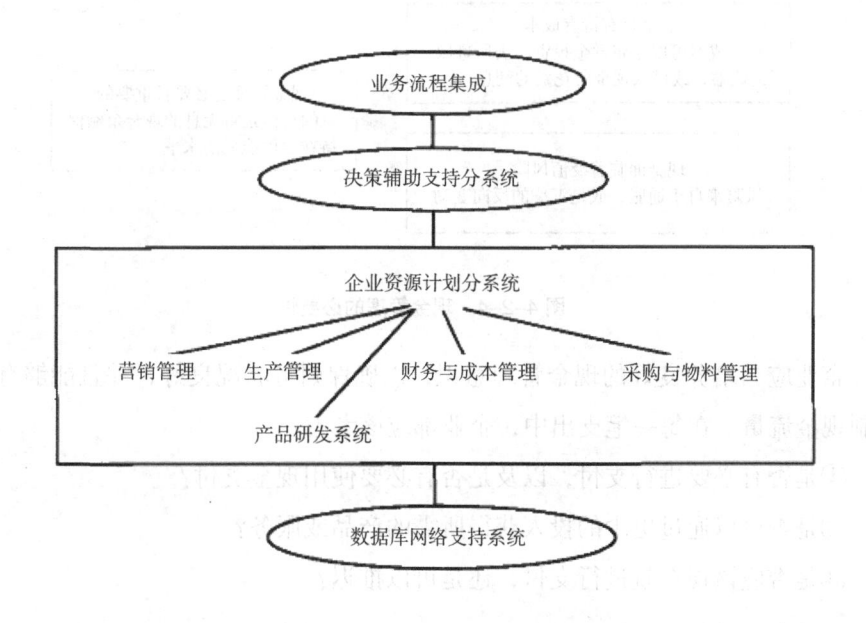

图 4-2-3　ERP 系统的实质

ERP 系统是一个综合性的企业资源管理系统，将企业的管理理念、业务流程、基础数据、人力物力、计算机硬件和软件等多方面的信息融为一体，涵盖了各种管理相关的内容。因此，企业的管理组织体系需要根据 ERP 的特性和集团的战略管理思想，进行调整，以确保 ERP 的最佳性能，否则，将会导致 ERP 系统的无效运行。为了更好地实施 ERP，集团需要对集团的组织架构进行改革，并基于集中式管理的原则来构建一个全新的集团结构。

## 五、现金流量的集中管理

### （一）现金流量管理目标

1. 现金管理的必要性

现金是企业发展的基础，能够确保企业的生存能力、流动性和财务灵活性，其重要性甚至超过了会计利润。然而，现金持有成本高昂，还存在贬值风险，因此必须进行有效的管理，如图 4-2-4 所示：

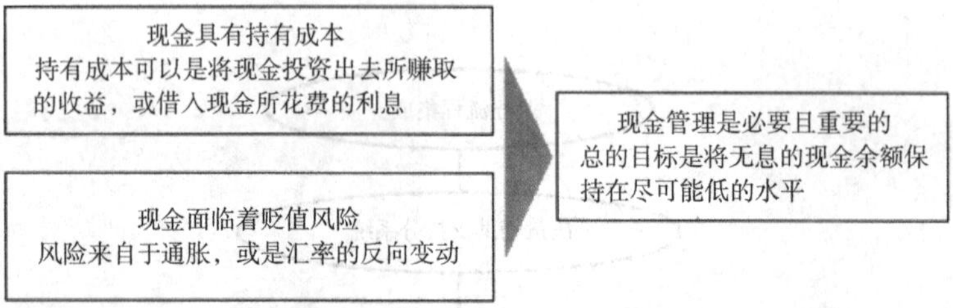

```
┌─────────────────────────────┐
│     现金具有持有成本          │
│ 持有成本可以是将现金投资出去   │
│ 所赚取的收益，或借入现金所花   │   ┌─────────────────────────┐
│ 费的利息                     │──▶│  现金管理是必要且重要的   │
└─────────────────────────────┘   │  总的目标是将无息的现金   │
┌─────────────────────────────┐──▶│  余额保持在尽可能低的水平  │
│     现金面临着贬值风险        │   └─────────────────────────┘
│ 风险来自于通胀，或是汇率的     │
│ 反向变动                     │
└─────────────────────────────┘
```

图 4-2-4　现金管理的必要性

企业应当培养良好的现金管理意识，以确保财务状况良好，并且能够有效地控制现金流量。在每一笔支出中，企业都应该考虑：

①是否有必要进行支付，以及是否有必要使用现金支付？

②是否可以通过更少的投入获得所需的产品或服务？

③是否应该现在就进行支付，还是可以推迟？

2. 现金流量管理目标

现金是企业发展的基础，但更重要的是要确保现金流动的均衡性和有效性。"均衡有效的现金流"指的是，现金流动必须在金额和时间上保持平衡，以确保企业能够持续发展。此外，现金流入也必须满足企业的日常需求，并且要寻找有利的投资机会，以实现企业的长期发展。

管理现金流量的目标包括：

①确保经营活动产生的现金流量有足够的收益。

②避免过度投资于营运资金，并确保盈余现金能够被有效利用。

③确保长期投资和融资计划能够适应企业的经营性现金流需求。

## （二）现金集中管理

1. 现金集中管理的优点

为了更好地适应集权式财务管理体制，集团总部必须采取集中控制现金流量的措施。这样做有以下优点：

①可以有效地优化借款比例，从而降低利息成本。

②集团中的盈余现金可以被有效地分配到其他部门，以减少资金的浪费，并避免不必要的外部筹资。

③这些盈余现金可以被用于大规模投资，以获得更高的回报。

2. 现金集中管理的组织模式

集团公司可以通过多种方式来管理其成员的现金流量，包括报账中心、结算中心、内部银行、财务公司等。

（1）报账中心模式

现金管理采取集中式管理，母公司财务部负责所有现金收付活动。为了实现统一报账和收支，母公司财务部建立报账中心，包括统收统支和拨付备用金两种模式，以确保资金的安全和有效使用。在统一管理下，成员企业不再单独设立账户，所有现金收入必须汇集到总部，而所有现金支出则由母公司财务部负责审批，以确保现金支出的合规性和有效性。集团总部按照一定期限拨付备用金，以便成员企业可以使用。在这种情况下，所有现金收入必须汇总到集团财务部门，而支出则必须凭借相关凭证到总部财务部门报销，以补足备用金的不足。成员企业可以根据总部规定的现金支出范围和标准，自主决定拨付备用金的使用，这种高度集权的现金管理模式不仅适用于集团总部，也可以用于管理同城或相距不远的非独立核算的分支机构。

（2）结算中心和内部银行模式

为了更好地管理集团的资金，母公司在其财务部内部建立了一个结算中心。这个中心负责集中管理所有成员企业的现金收入，核定它们的日常备用现金余额，并统一拨付和监控它们的现金支出。此外，这个中心还负责对外筹资和办理结算。内部银行则是将一种模拟的银企关系引入集团内部的资金管理中。

### (3) 财务公司

财务公司是一种独立的非银行金融机构，负责集团资金的募集、供应和投资。它采用市场化的运作模式，使成员企业拥有更多的财务自主权。

3. 现金集中控制流程

在集权式财务管理体制下，企业总部负责投融资的决策，而其所掌握的经营性现金流量则由集团总部统一控制。为了实现这一目标，必须合理分配经营性收付款项的权限，以确保集团总部能够有效地控制风险，同时也要保证子公司能够自主开展经营活动，保持其相对独立性。

经营性收付款项的权力分配，常见的有两种模式：

（1）集团总部负责所有支付和现金余额管理

集团总部负责所有支付和现金余额管理，如图 4-2-5 所示：

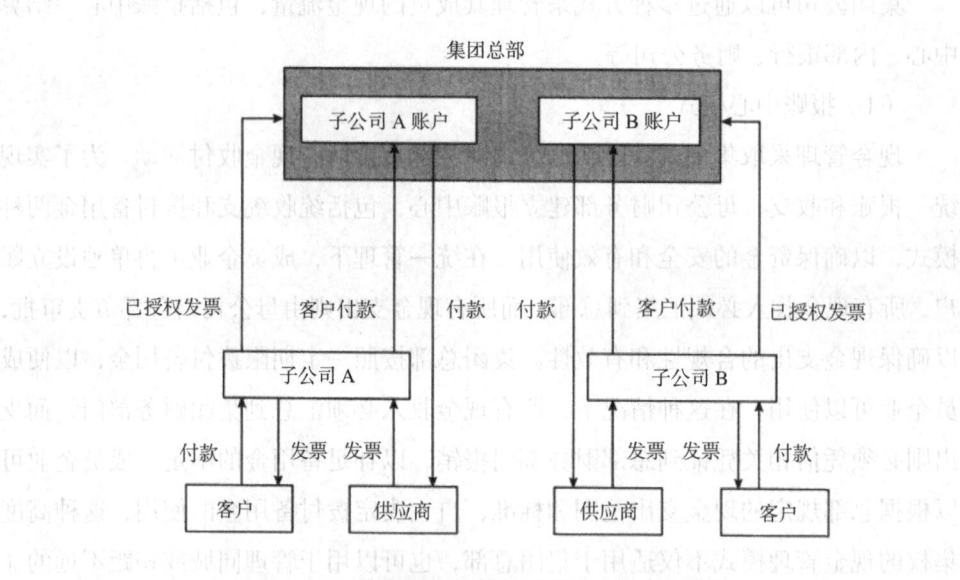

图 4-2-5 集团总部负责所有支付和现金余额管理

在这一框架下，现金流量责任分别由子公司和总部承担，其中，子公司负责收取货款，而总部则负责支付货款。集团控制的每个子公司都拥有一个独立的银行账户，可以向客户发出票据，并将资金存入账户。总部财务总监拥有对子公司账户的支付权。供应商在收到发票后，需要进行确认，然后将支票传递至总部，最终由总部通过子公司的账户进行支付。

（2）集团总部负责大额付款和盈余现金管理

集团总部负责大额付款和盈余现金管理，如图 4-2-6 所示：

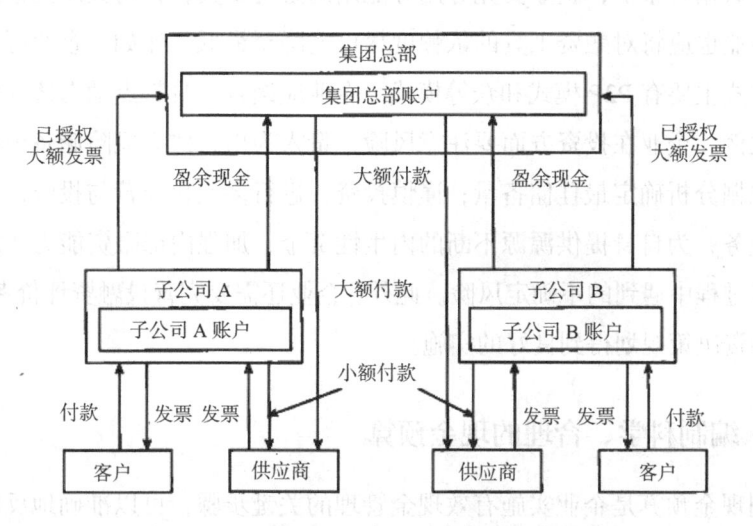

图 4-2-6　集团总部负责大额付款和盈余现金管理

通过这个框架，子公司可以在规定的支出限额内从客户账户中收取款项，而总部则可以控制这些大额支出。子公司可以通过收款和分期付款来实现资金的流动，而总部则可以将盈余现金转入子公司账户，以实现资金的有效利用。

## 第三节　大数据时代现金管理的创新路径

### 一、提升大数据背景下的现金流管理意识

大数据背景下现金流增加要求企业具有较强的现金流管理意识。企业应积极盘活资产，狠抓销售和现金回笼，包括订金、预收款、个人按揭、应收款等；充分认识经营生态链，使物流、商流和信息流向资金流流动，并加强四流配合。此外，企业还应开阔自身现金流管理视角，多样化、多层次强化现金流管理。随着互联网经济面临深度转型，企业也应开源寻求新的刺激点、创造新的金融需求、开拓现金流流入新渠道。

## 二、合理制定投融资规划

在大数据背景下，企业要充分用好能用的融资工具，并将其用到极致。与此同时，企业也应将对融资工具的依赖度尽可能降至最低。比如，企业可采用的新的融资方式主要有 P2P 模式和众筹模式。企业应结合自身特点动态选择两种方式的控制比例。企业在投资方面要注意风险，量入为出，建立风险储备金制度，依靠数据挖掘分析确定最佳储备量；谨慎投资，进行多元化经营与投资，优先投资本公司业务，为自身提供源源不断的内生性资金，加强内部融资能力才能更好地抵御发展过程中遇到的不确定风险。此外，企业还需要完善投融资评价考核体系，保证投融资决策规划得到良好的实施。

## 三、编制科学、合理的现金预算

编制现金预算是企业实施有效现金管理的关键步骤，可以准确地反映出企业的财务状况，从而更好地控制和管理资金的使用。现金预算是企业估算未来收入和支出的重要依据，可以帮助企业更好地把握未来发展趋势。通过现金预算，中小企业可以掌握以下几个方面的内容：业务活动状况；应付债务、税额、利息的支付日期及余额，以便预先准备所需的资金；需要向外筹措资金的时间和数额，以便预先规划较有利的筹资方式；协调企业所属各部门及分支机构的现金需要；把握采购机会，及时支付货款等。现金预算可分为以下步骤进行：确定现金收入计划、现金支出编制现金预算表。编制科学、合理的现金预算可以合理地处理现金收支业务，调度资金，保证企业金融活动的顺畅进行。企业可以根据具体情况，选择固定预算、弹性预算、零基预算、滚动预算和概率预算等现金预算编制方法。企业在编制现金预算时，以及在制定计划时，应该全面考虑商品的销售情况、应收账款的账龄和数量、企业和债权人的信用情况及相关政策，并确保计划期内的现金收入、支出、非正常性收支、现金余缺、融资计划和还本付息计划都符合要求。

在预算期内，企业还应切实按预算安排现金支出，力争现金收入量与现金支出量同时等量地发生，以最大限度地利用资金。为了有效利用现金资源，应该确定合理的现金储备量，及时采取有效措施，有效地利用多余的资金，弥补资金短缺，从而实现资金的最大化利用，满足企业的资金需求。

# 第五章  大数据时代网络财务管理创新

云计算、大数据、人工智能、区块链等技术的蓬勃发展，以及各种新理念、新应用、新需求的不断涌现，为数据价值的释放提供了更多可能。本章内容为大数据时代网络财务管理创新，论述了网络财务管理概述、大数据时代网络财务管理的创新路径。

## 第一节  网络财务管理概述

财务管理网络化打破了地域限制，提高了信息传输速度，增加了信息的使用价值，降低了企业成本，并促使传统的财务管理演化为网络财务管理。

### 一、网络财务管理的概念

网络财务管理是指在一定的网络环境下，以内部网和互联网为手段，将信息技术与财务管理技术相结合，实现对企业筹资、投资等财务活动的网络化管理的一种财务管理方式。作为一种新型的全面基于网络技术的财务管理模式，网络财务管理具有以下特点：

①从空间上看，企业的一切业务活动都可通过网络进行远程处理，便于整合企业的财务资源，全面提高企业的竞争力。

②从时间上看，企业的一切活动均可以通过网络进行实时报告，便于企业管理层进行网络化管理，从而提高企业的工作效率。

③在网络财务条件下，电子化货币将得到普及，这不仅极大地提高了结算效率，更重要的是加快了企业资金周转速度，降低了企业资金成本。在这种条件下，企业财务信息能够以更快的速度、更灵活的方式及更广泛的共享性满足各个利益

相关者不同的信息需求，进而帮助企业管理层更加有序地管理企业。

## 二、网络财务管理的特征

网络财务管理突破了传统管理模式，形成了与网络技术相结合的全新的财务管理模式，其特征表现为以下几方面：

1. 实现资源共享

在网络化条件下，企业通过网络技术对信息进行整合，对各项经济业务进行网络化处理，并与企业外部的信息系统相结合，从而实现了企业资源的共享。

2. 实现远程处理

网络财务管理使企业各部门之间的物理距离大幅缩短，企业财务管理能力能够通过网络延伸到全球的任何一个节点，从而强化了企业管理层对各部门的财务监控。

3. 实现财务管理方式和手段的创新

与网络技术相结合，促进财务管理的现代化，为财务管理职能的拓宽提供技术条件。企业通过建立现代化的财务管理系统，实现了高效的业务集成和财务管理角色的转变，并促进了企业财务管理手段的不断创新。

## 三、网络财务管理的目标

传统财务管理的目标是实现企业利益最大化和价值最大化，这些目标均以本企业为主体，注重企业的利益。在网络财务条件下，财务管理目标向多元化发展，即在注重本企业利益和价值的同时，也追求其他相关者的利益；既关注企业自身利益，也关注社会利益。由此可见，网络财务管理目标逐步演化为以下几点：

1. 兼顾相关利益主体的利益

相关利益主体包括股东、债权人、企业职工、顾客、供应商、政府部门和其他相关利益主体。不同相关利益主体所处的地位不同，其所体现的目的也不同，如企业股东期望财富最大化，企业员工期望薪金收入最大化，债权人期望能如期收回本金和利息等。因此，在网络财务环境下，企业需要兼顾和均衡各相关利益主体的利益要求：既考虑企业股东的利益，又兼顾其他利益相关者的要求；既要适应网络经济时代的发展要求，又要体现企业持续发展的财富特征。只有这样，企业才有可能实现目标，达到企业利益和价值的最大化。

2. 履行企业的社会责任

企业出于自身发展的需要必须重视社会责任。企业将履行社会责任纳入财务目标体系，既有助于企业实现经营目标，也有助于企业和社会的发展。

3. 保持企业的可持续增长

财务管理必须考虑企业未来的增长能力，不仅要追求现时利益，更要关注企业的未来预期利益，以保证企业的可持续发展。这就要求企业在现时利益和未来利益之间找到一个平衡点，以真正实现企业利益和价值的最大化。

网络时代的企业财务管理既要兼顾企业内部利益和外部利益，又要考虑现时利益和未来利益，从而实现相关利益主体的共同目标。

## 第二节 大数据时代网络财务管理的创新路径

### 一、管理理念的创新

#### （一）"零存货"网络财务管理理念

1. "零存货"的管理意义

"零存货"的意思是在生产经营的过程中，所有关于生产成本的物品包括物料、半成品和产成品等在经营过程中不在仓库里储存，却处于周转的状态，并不是从字面意思上理解出的"没有存货"或某些产成品在仓库的储存数量为零，恰恰相反，是经由对存货控制实施的具体战略，建立一种以充分准备材料为基础的供应方法，进而优化库存量，降低库存成本，实现真正的"零存货"。在正常情况下，企业会在库存上有大量的存货，目的是防止发生意外，这样会让企业存货占据不必要的流动资金。如果企业进行"零存货"的仓库管理模式，则不存在仓储这样的形式，而让它周转，存货在流动资金中所占的比例就会下降不少，企业就能更加有效地提高资金使用率，还可以防止存货跌价损失的现象。

2.ERP 系统的应用

ERP 系统是以电子软件为载体，并建立在信息技术基础上的系统化管理方法。实践证明，使用 ERP 系统，参照"零库存"原则，企业能够有效地降低库存存货，显著降低成本，提高生产效率。

### （二）"零缺陷"网络财务管理理念

"零缺陷"理念是指零缺陷的全面质量管理理念。全面质量管理（Total Quality Management，TQM）是指企业为了能够在最经济的水平上充分满足客户要求而进行的市场研究、设计、制造和售后服务，是把企业内各部门的研制质量、维持质量和提高质量活动构成一体的一种有效的体系。

质量是企业的生命，是企业获得良好经济效益的基础。一个企业的利润有多少，关键在于对质量成本的控制，美国一位质量管理专家克劳士比有句名言："质量是免费的。"他认为"真正费钱的是不符合质量标准的事情——第一次就没有把事情做对。"[1] 因为如果第一次没做好工作，质量不合格，就会使企业耗用额外的时间、金钱和精力去弥补，企业发生的质量损失就会用高出成本数倍的人力、物力、财力去补救，既让企业质量信誉受损失，也浪费了大量财富。企业要在大数据时代日益激烈的市场竞争中生存和发展，就必须在质量上下功夫。现代社会所需的产品结构日趋复杂，对产品的精密度和可靠性要求也越来越高，所需费用将以质量成本的形式增加企业负担。

综上所述，大数据时代，"零"的追求作为一种新的财务管理理念，是企业增强竞争力、提高经济效益的一种有效手段。

## 二、财务流程创新

### （一）数据采集方面

随着大数据时代的到来，物联网技术发展迅速，通过信息传感设备将所有物品与互联网连接起来，实现了智能化识别和管理。会计流程的再造就是利用物联

---

[1] 唐晓芬. 走进 WTO 后的质量管理 企业经营管理者的认知和应对 [M]. 北京：中国标准出版社，2002.

网技术来采集数据信息,具体应用以下三项重要技术:

①传感器技术。其主要特征是能准确传递和检测出某一形态的信息,并将这一形态的信息转换成另一形态的信息。

②嵌入式系统技术。嵌入式系统是一种完全嵌入受控器件内部、为特定应用而设计的专用计算机系统,在物联网中相当于大脑的作用。嵌入式系统技术正逐渐在人们的工作和生活中蔓延,很多常见的智能终端都应用了该项技术。企业应用该项技术能高效快速地收集相关会计信息。

③射频识别技术。该技术是一种非接触的、利用射频信号及空间耦合和传输特性进行双向通信,实现对静止或移动物体的自动识别,并进行信息交换、实用的自动识别技术,其通信距离可达10米甚至更远,从而大大提高了采集信息的效率和能力。

(二)数据加工方面

在大数据时代,收集各类信息已不再是难事,而对所获取的海量信息的加工、分析、挖掘才是人们应该重点关注的问题。一般可以采用众包模式对数据进行分析加工。在传统模式下,只有合作关系的各成员面对面进行交流的形式。将不在相同地方、领域的人在同一时间、地点聚集起来会有很大难度,会计流程中的成员往往分散在不同地方,财务人员采用这种形式会大大增加成本。利用互联网众包模式可以解决这个问题,不会受制于时间地点的这个难题,而且可以广泛地收集到各种不同领域、不同人的意见。通过这种模式,企业会计信息系统主要负责获取不同信息使用者的会计信息,并出具和展示数据分析模型和数据分析报告。财务人员对数据的处理按照传统"原始凭证—记账凭证—账簿报表"的财务流程进行,这里保留传统账务处理时财务信息使用者对数据(即传统财务报表)的需要,也就是满足会计信息使用者的具体要求,将原始数据利用财务语言进行汇总、加工、登记记账凭证和账簿。

(三)数据存储方面

在互联网时代,企业应加强对非结构化数据的重视、分析与挖掘。但是,结构化数据一般都是简单、有限的,比较容易存储,而非结构化数据数量巨大且不好存储,大数据时代对非结构化数据的存储成为亟待解决的问题。

1. 分布式文件系统

分布式文件系统是指文件系统管理的物理存储资源不一定直接连接在本地节点上，而是通过计算机网络与节点相连。分布式文件系统的设计基于客户机/服务器模式，具有很好的容错性和可扩展性。

2. 分布式并行数据库系统

分布式并行数据库系统采用了大规模并行数据处理架构，是一种无共享的分布式并行数据库系统。主节点上存储数据信息的元数据，而在多个从节点上存储被存储信息。而且，其他从节点上也备份了存储数据，系统容错性大大提高，将所有原始数据及加工后的数据存储到大数据存储系统中。数据具有规模大、结构多样的特点，财务大数据的存储对现有的数据存储提出了挑战。实际上，大数据存储系统可以存储财务人员收集并整理的结构化数据、非结构化数据和非结构化数据的元数据。

# 第六章 大数据时代财务会计的未来和方向

大数据对财务会计的影响是深远的。本章内容为大数据时代财务会计的未来和方向，介绍了大数据与财务会计的融合发展、财务会计的发展趋势、财务会计人才的培养。

## 第一节 大数据与财务会计的融合发展

### 一、财务会计与大数据的有机结合

财务部门是企业中与数据联系最紧密的部门之一。随着大数据时代的到来，财务部门为会计部门管理者财务分析提供了更多的信息资源。大数据是规模巨大、结构复杂的数据集合，在合理时间内快速获取、存储、管理、共享、分析可以提供巨大的利用价值。大数据具有四个特点：数据量迅速持续增加、数据输入或输出速度快、数据类型和来源多样化、数据价值密度低。

2022年，中国会计学会第二十一届全国会计信息化学术年会在重庆市以线上与线下相结合的形式召开。有关专家针对会计数字化转型的客观要求，提出了会计大数据的观点。他们认为，会计大数据分为内部会计大数据和外部会计大数据，应该先发展内部会计大数据。

作者认为，会计大数据是在原有会计数据的基础上进行延伸之后形成的。它不仅包含在企业内部各部门信息互通的基础上拥有的与会计相关的数据，还包含为了实现某一特定目标，企业通过物联网从外部公开网站获取的同行业竞争对手的财务报告、国内生产总值（Gross Domestic Product，GDP）指标等所有其他的会计数据资料；不仅包含原始的会计数据，还包含经过加工处理之后的会计信息。

例如，采购部门所拥有的供应商数据和信息、销售部门所拥有的客户数据和信息、生产部门所拥有的产品数据和信息都是会计大数据。会计大数据可分为财务会计数据和非财务会计数据，按获取方式可分为结构化数据、半结构化数据和非结构化数据。

会计大数据的特征如下：

①数据数量规模大。会计大数据是对原有会计数据的进一步延伸，包含企业内部总公司、子公司、各个部门的会计数据和企业外部的会计数据。数据量达到PB、EB和ZB级别（1PB=1024TB，相当于50%的全美学术研究图书馆藏书资讯内容）。

②数据种类繁多。会计大数据不仅包含财务会计数据，还包含非财务会计数据；不仅包含数字等结构化数据，还包含网页资料、发票图片、购销合同等半结构化数据和非结构化数据。

③数据输入或输出速度快。随着物联网等信息技术的发展，平板电脑、手机、个人计算机以及分布在世界各地的传感器都可以是数据产生的来源和数据接收的载体。传统会计数据对时间处理要求不高，但是，在会计大数据处理上一般要在秒级时间范围内给出分析结果，因为分析时间太长会导致数据失去了价值。

④数据的依赖性与无形性。会计大数据的产生依赖业务的产生，没有业务就没有会计大数据，因此，会计大数据具有依赖性。另外，会计大数据不仅是单纯的会计数据，还包含经过加工处理之后的会计信息，因此具有无形性。

在大数据时代背景下，企业财务会计必须紧跟时代的发展步伐，在激烈的竞争条件下获取优势，紧抓机遇，化挑战为动力。尤其中小企业更应当发挥大数据的优势，体现自身特色。具体来说，中小企业要从内部小数据入手，逐步形成完善的供产销系统，加强自我管理，体现中小企业灵活、精准的特点，构建完善的企业管理体系，结合企业的发展形势，对此体系不断拓展，获取更高的经济利润。由此可见，从企业本身发展来讲，将大数据技术应用于财务会计环节无疑是重要的决策，需要发挥大数据技术的应用优势，有针对性地对技术进行更新，引进先进的大数据理念，实现因地制宜，结合自我发展需求，对管理方式进行创新，从而最大限度地保证财务会计工作质量，为企业的运营和发展创造更高的经济效益，使之在行业中长远立足，实现持续性的发展。

## 二、"智能+会计"模式创新

"智能+会计"绝不是在经典会计模式下简单地用人工智能技术替代人工来提高现有会计业务流程的效率和质量，而是用其带来的新技术、新思维推动会计模式创新，实现会计工作的转型升级，甚至整个会计行业全方位的自我革命性变化。"智能+会计"的终极目标是构建一个能够自主感知、学习、决策、执行、控制和适应的智慧会计系统。在算法和算力的支持下，根据数字化和智能化不同发展阶段的组合，"智能+会计"模式可分为信息化、数字化、智能化和智慧化四种形态，分别对应计算智能、分析智能、融合智能和自主智能四个人工智能技术发展阶段，如图6-1-1所示：

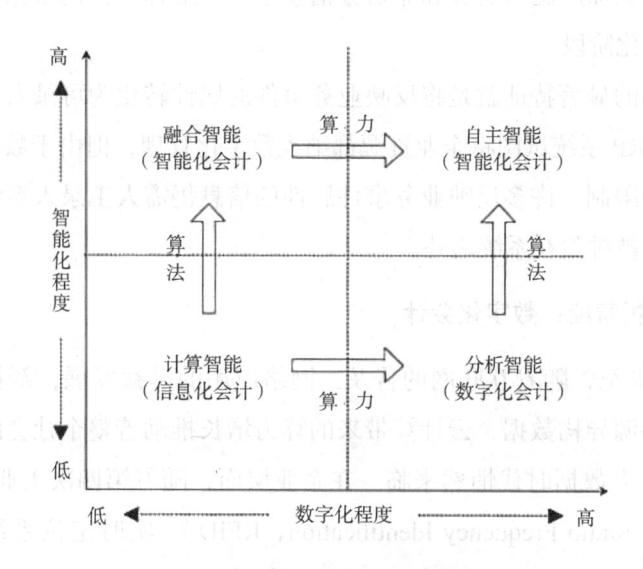

图6-1-1 "智能+会计"模式创新

### （一）计算智能：信息化会计

当数字化和智能化均处于较低水平时，计算机主要发挥人工智能技术的基础性计算智能作用，替代人工完成部分会计信息的加工任务，一般将这一阶段定义为信息化会计。由于财务会计工作流程稳定，涉及大量数值型数据处理，并且处理算法相对简单，在不同组织之间具有高度一致性，因此，在微型计算机发展的推动下，着眼实现财务会计流程自动化的会计电算化于20世纪60年代末到20

世纪 70 年代中期在发达国家得到快速普及。由于大量财务会计工作岗位逐渐被计算机替代，财务会计人员开始更多地从事管理会计工作，甚至是信息系统的开发、实施和维护工作。

20 世纪 80 年代，企业经营环境日趋激烈，准时制造、柔性制造、全面质量管理等新模式出现，会计作为决策信息主要提供者的角色地位受到企业其他部门的挑战。20 世纪 90 年代，随着企业数字化程度的提高，企业通过 ERP 系统优化和重组业务流程，将会计、制造、人力资源、供应链、销售、财务、预算和客户服务活动等业务流程进行集成和控制，会计流程与其他业务流程开始融合，传统会计信息生产接近自动化。这时，管理会计要么构建新的技术体系，要么将工作重心前移，向更加广泛的财务和非财务信息生产、解释和咨询角色转变，从而进入了会计信息化阶段。

这一阶段的显著特征就是将反映业务事件的属性转化为可录入系统的结构化数据。虽然 ERP 系统试图将企业资源都纳入数字化管理，但由于数据采集、存储和处理能力的限制，许多反映业务事件属性的信息仍需人工录入系统，并且有许多属性的信息被排除在系统之外。

**（二）分析智能：数字化会计**

进入 21 世纪，随着互联网的普及、网络应用的迅猛发展，新技术的应用带来了大量的多源异构数据，云计算带来的算力增长推动着整个社会的数字化程度跃变式发展，大数据时代悄然来临。在企业层面，随着第四次工业革命的到来，在射频识别（Radio Frequency Identification，RFID）、实时定位系统（Real-Time Locating System，RTLS）、物联网、增强现实（Augmented Reality，AR）和虚拟现实（Virtual Reality，VR）等技术的支持下，价值链上的企业与企业之间、企业与客户之间、企业内部不同层级的业务单元之间的数字化集成水平更高。在企业的智能工厂，通过信息物理系统（Cyber-Physical Systems，CPS）实现了信息世界和物理世界的互联互通，通过传感器检测业务需求，通过互联网与其他远程生产工具建立通信，通过大数据获取所需的生产信息。在此背景下，企业需要进行数字化转型。对会计而言，需要借助企业数字化转型的机会，进行数字化会计模式创新，为会计职业打开新的发展空间。

数字化和信息化的不同之处在于，数字化由机器自动完成数据的采集和录入，信息化则需较多的人工操作。数字化会计是一种由大数据驱动的模式创新。有研究认为，在会计环境中使用大数据将是一种破坏性的力量，因为它需要对传统会计工作模式进行重大变革，数据记录等传统会计任务将变得不那么重要，管理会计技术将逐渐过时。大数据技术可为资产评估、成本分析、预测和预算提供替代方案，管理者可以获得大数据提供的海量外部信息以帮助其作出决策，这将影响会计作为业务知识创造者的角色。在数字化转型背景下，信息化会计阶段的 ERP 系统难以整合各种实时的大量多源异构数据，这时就需要通过一个虚拟数据仓库，将组织内外的多源异构数据进行虚拟集成。经过虚拟集成的大数据不再根据部门职能边界进行分割，在保证数据安全性和保密性的前提下，各业务部门都可利用大数据分析工具对这些数据进行分析。

在数字化会计阶段，会计人员的核心技能不再是对原始信息的收集、录入和加工，而是对多源异构数据尤其是非结构化的大数据进行分析，并将结果进行可视化呈现，在必要时为信息需求者提供解释。这一阶段开始发挥人工智能技术的分析智能作用，在对历史数据描述性分析的基础上，可以进行初步的预测性分析。但是，由于此时的智能化程度较低，大多数分析任务都是手工完成的，劳动强度高，处理速度慢。

## 二、财务共享服务创新

### （一）财务共享服务的界定

共享服务将资源和流程整合在一起以实现规模经济，即将企业运作流程从一个运营单位转移到全国、某个地域甚至全球的范围上，成为提供服务的专业中心。这种理念将相关人员和工具组合到了一起，消除了很多重复成本。共享中心不仅利用了规模经济而且解放了商业组织，使之可以把重点放在高附加价值的任务上，这样就能有效地降低企业成本和提高企业的价值。财务共享服务是共享服务在财务领域、在组织中会计业务部门的具体应用。企业通过建立财务共享服务中心（FSSC），将低附加值的常规会计事务集中处理，有效降低企业会计处理成本，提高企业财务效率。一旦企业转变为跨地域集团系统，财务部门就可以在诸多关键领域运用共享服务中心，这些领域包括采购、付款、订单管理、收款、项目管理、资金管理、预算和财务报告等。财务共享服务中心可以使企业通过实现规模经济来降低财务管理费用。

### （二）大数据时代企业财务共享中心的建设路径

1. 明确财务共享中心的功能定位

企业财务共享中心的建设首先要明确财务共享中心的功能定位。对于财务共享中心功能的定位，在一定程度上关系到财务共享中心建设的技术水平和服务能力。财务共享中心的功能是伴随企业发展而逐步变化的，对于该中心的功能定位，企业必须从发展要求、经营情况、人员配置等方面进行综合考量。一般来说，财务共享中心必须具备三方面的功能定位：一是基础功能，就是在财务核算、机器人流程自动化（Robotic Process Automation，RPA）应用、企业资源计划（Enterprise Resource Planning，ERP）集成处理、数据维护等基础领域提供保障和服务。二是决策功能定位，就是在业财数据深度分析、挖掘及为管理层提供决策信息支持方面提供保障。三是咨询功能，就是根据流程提出意见和建议，以便于工作改进，同时还要提供基础查询等服务。明确这三方面的功能定位，能够推动企业财务共享中心高水平、高质量建设。例如，企业基于决策功能定位，能够强化对大数据技术的科学运用。

2. 充分应用信息技术，加强财务共享人才培养

当前，企业在建设财务共享中心时需要着力解决技术和人才适用的问题。首先，从技术应用的角度来看，在大数据背景下，除了基础的大数据分析、大数据挖掘等技术的应用，还要强化对虚拟现实（Virtual Reality，VR）技术、人工智能（Artificial Intelligence，AI）技术、增强现实（Augmented Reality，AR）技术、云计算技术等的应用，从而深化以数字化为基础的财务管理智慧场景、智能算法的开发。其次，从人才适用的角度来看，先进技术的应用对于企业财务人员的专业素养也提出了更高的要求。企业在持续深化技术开发与应用的过程中，要同步做好团队建设与人才培养的相关工作，优化企业财务管理的人才结构，增加管理会

计、大数据审计等岗位，提升财务管理人员的信息素养与大数据应用能力，以此为自身现代化发展提供必要的智力支撑和人才保障。

3. 财务模块与功能规划

（1）财务核算模块

财务核算模块是财务共享中心较为基础和核心的构成模块。这一功能模块主要是利用网络平台架构起集成式的财务系统，实现对各项业务的有效处理。财务核算模块主要处理财务核算业务，可应用"数据+算力+算法+场景"模式，借助 RPA 机器人，实现简单核算业务的自动化处理，将复杂分析嵌入日常的财务管理和交易场景中，通过搭建相应的财务赋能平台，使日益复杂的业财数据核算工作变得更加自动化、智能化，从而有效提升企业财务管理效能。

（2）风险控制模块

风险控制模块也是财务共享中心重要的构成模块。风险控制模块应主要发挥财务风险模型测算、风险预警等功能，借助风险控制系统实现对企业各项业务活动中的关键风险节点的控制和测算，之后管理会计人员根据测算结果，出具风险分析报告，并且制订有效的预案，以此增强企业的财务风险防范能力。

（3）凭证提取模块

凭证提取模块属于优质服务模块，能够为工作人员提供凭证扫描、共享等服务，企业财务共享中心构建时应注重这一功能的实现。各个部门或子公司在向总公司报账时，可以直接利用凭证系统进行点对点的传送，不再进行实物凭证的传递，以此极大地提升企业部门传递和协同作业的效率。

（4）电子报销模块

电子报销模块是企业财务共享中心建设时必不可少的功能模块。该系统应能够实现对业务类型的细分，并且可上传共享电子凭证、报销凭证等信息。

相较于传统的人工记录，电子报销模块能够大大提高凭证的真实性和准确性。同时，企业可利用审核机器人完成自动化的审核工作，简化报销流程，以此减少相关人员的工作量。

## 第二节 财务会计的发展趋势

### 一、财务会计专业化趋势

财务会计工作主要是对财务会计信息进行分类、记录、计量、计算和报告。在这个过程，财务会计信息必须保证准确性、及时性，以及财务会计系统的运行过程必须与经济运行主体的全过程相适应。要满足这个要求，要求财务会计人员就必须是高智能复合型人才，同时具备科技、管理知识和创新思维。财会人员要具备扎实深厚的财务会计、管理会计和审计知识，还应掌握相关专业的知识，熟悉企业业务流程、产品生产工艺等。

企业的业务往来都会有相应的会计信息产生，每一笔业务对应着一个会计信息。财会人员必须准确、及时记录这些会计信息，并对这些会计信息进行全面的数据分析整理，最终为企业领导者和投资者提供简单、明了、全面的企业财务报告，让领导者和投资者全面掌握企业的财务状况，为他们的决策和投资提供可靠的依据。这就要求财务人员必须具备较强的分析能力，能够通过对各种财务会计信息的分析，让领导者找到提高企业利润的方法、投资的正确方向和最佳的营销策略。现在，社会经济发展迅速，诚信在社会上变得越来越重要。财务会计人员保证会计信息的真实、有效是其最基本的职责，也是其在工作中讲诚信的重要体现。现在，随着网络信息的快速发展，财务会计也得到了迅速发展，企业信息的使用者都可以在网上查到自己所需的信息，会计信息相对透明，也就意味着所有人对会计信息的真实性都可以监督，因此，要求财务人员必须具有诚信这一高贵品格。

### 二、财务会计多元化趋势

从国内实际情况来看，会计师事务所是我国最为主要的会计服务机构。会计师事务所作为专业服务机构，其通常为企业提供包括审计、资产评估、管理咨询、造价咨询、税务代理等诸多内容在内的服务。其中，审计业务在会计师事务所的业务中占比超过 80%，主要以年度会计报表审计和上市企业审计为工作内容。当前，市场竞争机制不断成熟，我国会计师事务所林立，会计师事务所应采取措施适应会计师事务所的多元化和专业化的发展趋势，从而在市场竞争中不断稳固地位。国内会计师事务所可以考虑加入国际知名会计师事务所，依靠国际知名会计事务所的品牌影响力来发展自己，并以国内实力雄厚的会计师事务所为支撑，参与国际财会服务机构的竞争，提高影响力，增强竞争力。

多元化的会计信息系统构建是一种比较理想的模型，在具体的设计和应用的时候有种种问题需要解决。考虑到很多的数据库基本元素的独立性、共享性、多维性、集约性不足，多元化的会计信息统计将会计事项和数据库技术进行结合还是会有一定的问题。同一个会计数据要满足不同利益相关者的需求，就需要结合不同的会计政策进行处理，这就必然要求这些会计理论可以与数据库进行结合，在具体的实践中还是有可能会出现差错。另外，网络技术的使用会影响企业会计信息的安全性。

## 第三节　财务会计人才的培养

### 一、大数据时代下财务会计人才培养的现状

#### （一）大数据对会计职业的影响

1. 对会计职能的影响

大数据对会计职业的影响首先体现在对其职能的影响上。随着大数据的进入，高科技互联网手段的运用使得会计工作变得简便、快捷、高效，节约了会计工作者的时间和精力，使他们可以参与预测和决策工作中，发展了会计的拓展职能。另外，从市场经济的环境上讲，迅速发展的市场环境需要会计人员在企业的发展中发挥管理职能，将会计的各项职能综合运用为企业更好地服务。

2. 对会计服务模式的影响

移动互联网的到来使会计工作的形式从线下工作转变到线上操作，摆脱了受地域影响的困境，这就有力地构建了新的会计服务体系，实现了经济共享新模式。

会计共享经济的新模式能够节约企业的投资成本，受到众多企业的青睐，各行各业都跃跃欲试，如某保险就运用互联网平台将会计工作内容进行划分，细分后的工作由广大的互联网用户接单完成。用户将工作完成后由已经设置好的系统后台程序进行逐一环节评定，这种财务众包形式平台的使用为企业大大节约了投资资本。

3. 对会计工作流程的影响

我们知道，会计所包含的工作内容非常细微、琐碎。移动互联网的运用使会计工作运用科技手段进行线上操作，工作程序简单、明了，效率得到大幅提升。

随着互联网的普及，越来越多的实力企业都实现了会计工作的线上操作。报销内容已经可以通过相关专业软件完全实现网上提交、审批、支付的全过程，工作人员不用见面，不受任何地域影响也不再考虑时间限制。专业的软件会设置固有的报销单据模板，工作人员按照模板提交信息，平台会按固有程序步步移动直至走完整个流程。我国已经有多家企业将财务工作运用平台系统进行统一操作，工作的准确性和高效性大幅提升。

### （二）大数据时代带给财务会计人才的危机

1. 危机一：互联网信息安全

互联网在带给会计工作者方便、快捷的同时也存在一定风险，企业数据在互联网的背景下实现了极大的资源共享，透明度的不断增加使不法分子极易窃取商业信息，这就对企业商业秘密的信息保护手段提出了更高的需求，需要会计工作者具备良好的技术手段和高度的警惕意识。由于企业会计信息对其发展和存活起着举足轻重的作用，在瞬息万变的网络时代，极易泄露的数据信息需要会计工作者拿出100%的责任心去守护，这是对会计人员专业度、综合素质的全新考验。

2. 危机二：专业人才接替和企业人才需要的矛盾

大数据时代的快速发展使得新的技术手段迅速覆盖各个行业，企业对专业会计人员的要求既有专业的线上操作又有综合的素质水平。然而，各个院校输出的会计人才难以完全跟上时代发展进程，能够真正符合当下企业要求的高水平人员较少，初级待提高人员较多。互联网的迅猛势头加速了这种矛盾的出现。

### 3. 会计院校教育体系落后于现实发展

由于互联网的快速覆盖，会计专业院校较难同步跟进。

## （三）大数据时代带给财务会计人才的时机

### 1. 大数据时代开启了信息和资源共享的新模式

互联网使得会计工作操作突破了空间、地域的限制，摆脱了信息局限的工作模式。在新模式下，会计人员通过利用共享信息大大加速了工作进程，节约了时间资源、物质资源，能够更好地将精力运用在优化工作质量上。

### 2. 大数据为会计人才提供了更为广阔的发展平台

当下，企业对专业会计人员的高标准需求与会计院校输出的会计人才难以进行良好对接，企业会计职位存在很大缺口，而会计毕业生们却很难找到好的职位。互联网的广泛运用逐渐融合了这一点，互联网通过供需信息的充分共享使得招应聘信息透明化，无形中按需分配了信息资源，无限拓展了就业机会，也增加了企业和会计人才双向选择的空间，使得双方都可以找到对应的人才和岗位。

### 3. 大数据时代会计人才获取相关信息更加便捷

大数据的无限共享便于会计人员敏锐地洞察行业动态，处理和解决问题愈加及时、迅速。会计人员通过多样的、新型的办公手段节省了地域成本、空间成本，进而做到高效、及时地更新、归纳工作内容。可以说，互联网的发展带来了会计行业无限的、崭新的提升渠道。

### 4. 大数据时代提高了会计人员对于相关财务信息利用的效率

在大数据下，无限资源和信息的共享为会计人员提供了广阔的学习空间。专业人员在工作过程中可以利用新的途径获取新信息，发挥自己独特专长，充分改进工作质量，人员能力的提高使得企业运作成本也大幅降低，从而能更大发挥其经济价值。

### 5. 大数据时代下企业提高了对会计从业人员的要求

网络时代促使企业对专业人员的要求提高，当下企业需要的是高度专业的、综合能力过硬的专业人才，这就需要会计人员接受过会计高等院校学习培养，具备专业知识和素养。同时，高等院校的专业毕业生将会得到更多的就业机会和实践机会。

## 二、会计信息系统将产生革命性变化

为了提升国际竞争力，我国企业必然要实现管理的现代化和会计信息化，以便为企业在做企业决策时，提供辅助判断的工作。

### （一）会计功能扩大化

在大数据时代，会计信息化使会计工作的内涵和外延都有所变化：

1. 互联网的使用者范围扩大

在大数据时代，会计信息的使用者不再仅是企业内部的会计部门和企业的管理层，而是扩展至企业外围，包括投资者和政府部门，以及技术供应方。

2. 会计信息化将改变货币价值信息的重要性

同时，会计信息化能够为企业的决策提供更多的依据。例如，在创新能力、客户满意度、市场占有率等方面都有所依据。会计信息化的发展，扩大了企业决策的数据信息化，为企业决策提供更多的助力。

3. 互联网使会计信息化的操作流程变得更加简单

会计信息的操作流程变得更加简单也使时间也变得更加充裕，把企业的会计人员从繁重的企业财务工作中解救出来，在企业管理和决策方面，提供了更多的科学数据。互联网的发展给会计发展提供了新的机遇，使会计信息化发展更加壮大。

### （二）财务信息的搜集处理使用动态化、实时化

在互联网背景下，财务信息实现了共享，企业各部门之间对财务信息的搜集是实时的，没有时间和空间的界限，无论是企业的内部数据，还是外部数据，都可以在系统中被搜索、被查询。在互联网背景下，企业的原始数据和记账凭证都被记录于数据库中，可以实时查阅，而这种状态对于企业的经营状况和成果都能够动态查询，账面信息都能够如实地反映出来，这样可以使企业的财务数据随时结清，有助于企业的发展，互联网会计信息化的发展，对我国企业的会计信息做了更加动态、更加实时的分析，也对当前的企业经济环境判断做了更好的安排。所以，财务信息化的实现，必然能够对企业的发展乃至企业的会计人员有巨大的提升作用。

### (三）财务信息无纸化

会计信息化的发展对企业财务的分析和发展都有非常重要的作用，其中，最重要的一点就是无纸化。其表现为：

1. 数据输入无纸化

数据通过计算机录入，既可降低财务人员的工作负荷，又可以节省运营成本，还可以降低财务工作的出错率，可谓一举三得。

2. 处理过程无纸化

会计信息化录入的数据可以自行完成数据处理，节省财务人员的分析时间，大幅提升工作效率和准确率。

3. 财务信息输出无纸化

财务信息与互联网连通，可以使财务信息的储存和输出都通过互联网实现，以网络方式输出的数据可以直接观看，无须以纸为媒介，可以节约成本，也可以使数据的运用更加便利实时。

### （四）结算支付电子化

结算支付随着网络时代的到来更加便捷，结算方式逐渐由货币支付转变为电子支付，而电子支付主要是由中国人民银行牵头达成的，在当前越来越便利，越来越成为主要的支付方式之一。无论是电子商务，还是网上购物，基本前提都是网上支付，网上支付既无需现金交易，也无需支票交易，只需要网上转账即可。包括中国人民银行在内的几大银行共建了"金融认证中心项目"，这标志着我国互联网金融支付的开端，也是未来发展的趋势。随着结算的电子化，我国的现金支票将会慢慢退出资金流通领域。

### （五）财务、业务协同化

财务、业务协同化是互联网发展和普及的结果，而财务软件的使用使得财务信息的使用和发布逐渐由企业内部转移到企业外部，实现了财务信息共享，对于企业判断市场趋势有着重要的作用。

## （六）决策支持群体化

企业决策层决策以前是凭借企业经营管理人员的经验和对当前市场的判断，而随着财务软件使用，可使财务信息通过互联网传递到每个人手中。

## （七）财务人员工作方式网络化

传统的财务工作需要财务人员手工记账、入账、分析。当时没有计算机，所以必然如此。随着电子信息技术的发展，会计电算化逐渐实现，财务工作逐渐由手工发展为计算机财务，财务人员的工作方式由手工转为计算机录入。而今，随着财务的发展，会计信息化逐渐进入企业视线，大部分企业都实现了互联网财务，财务信息实现了随时传输、随时共享，企业财务状况更加直观、明了，财务信息对未来的经营预测更具时效性，不仅提高了工作效率，还对企业的发展有更好的作用。

## （八）财务部门扁平化

传统的财务工作分工明确，一个岗位配备一个人员，每个岗位都不可替代，缺少任何一环便缺少一部分账单。所以，在传统会计模式下，会计部门人员多，效率低。在互联网背景下，会计信息软件将一些财务岗位模糊化，很多财务职能如出纳、成本等岗位可以逐渐模糊化，总账、报表等岗位可以被取消，而对于数据搜集、数据分析等岗位则需要加强，这是财务信息化带来的变化，也是财务部门的扁平化趋势，不再有太多的主管和经理兼任财务部门领导，而是将职权分散于每个岗位之中。

## （九）财务工具 Web 化

与传统的财务工具相比，互联网财务软件的应用是网上办公，也就是互联网财务工具 Web 化。互联网工具 Web 化可使客户的财务服务器置于计算机上。互联网的财务管理使财务的核算与管理发生了巨大变化，形成了高效率低成本的互联网会计信息化。

## 三、大数据时代下会计专业人才培养改进措施

会计专业人才培养主要是对复合型会计人才的培养。各大职业学校都需要为

社会输出高质量的技术应用型人才。在我国，会计教育具有职业性、岗位性、针对性和实用性等特色，其最终的目的是为企业培养高素质会计人才，培养学生的软件操作能力、职业能力和数据分析能力。在当前会计信息化趋势下，对会计人才的培养主要是对财务分析能力和财务创新能力的培养，从核算型会计逐渐转变为决策性会计。在互联网背景下，会计人才培养还要从以下三个方面入手：

**（一）培养互联网思维**

1. 会计信息化教育要多元化

在大数据时代，也要增加在线课程、微课、翻转课堂等教学形式，丰富学生的教学模式，拓宽学生的学习渠道，丰富学生的学习内容，以便增强学习效果。新教学手段的运用可以有效培养学生的独立学习、思考和解决问题的能力，对于学生未来的职业规划和人生发展都具有非常重要的作用。互联网背景下的会计教育需要以提升学生综合素质为核心，从而满足新时代会计人才的需求。

2. 培养学生的互联网思维

会计信息化时代的到来对会计专业的学生提出了更高的要求，不仅对专业知识有要求，也对学生软件适应和运用能力、数据收集和分析能力提出了更高的要求。一般而言，在数据信息化时代，财务学习的重点是将理论与现实技术相结合，构建全新的学习模式，并将教育逐渐社会化，加强学生的毕业后教育和财务信息化教育。

**（二）企业层面：加强培训，调整人才结构**

1. 注重企业财务人员的培训，并建立多种培训方式

①培训要循序渐进，根据各企业对会计人才的要求，对会计人才的培训要循序渐进，首先要从会计专业知识入手，然后加强对互联网技术的掌握、对财务软件的使用，以及平台管理和应用的培训。

②企业内部开展各种形式的培训，可以以网络为基础，进行网络培训、微课培训等，也可以邀请著名的会计专家举办讲座培训。在平时的培训过程中，多注意人才的培养和储备。

③企业内部开展各种比赛交流活动，以促进会计信息化知识的消化和应用，

活动开展形式可以是技能大赛，也可以是论文评比，总之目的只有一个，那就是提高大家的学习兴趣，使知识掌握得更扎实。同时，企业还可以通过各种物质上和精神上的奖励促使财务人员工作努力工作和学习。

2. 优化财务会计人员结构，实现财务会计的扁平化管理

①企业要制定相关的财务人员岗位职责和岗位待遇方案，该方案对财务人员的具体职责、薪酬待遇都要有明确规定，优化财务人员队伍。另外，还要对财务人员建立起相应的奖惩措施，以便能够更好地管理和制约财务人员，使财务人员认真工作。

②加强财务人员的人才储备，通过对职业院校和社会上的优秀财务人员进行考察和引进，并加以重点培养，来促进企业的发展。

③实行轮岗制度，它能使每个财务工作者都熟悉工作流程，万一发生突发事件，不至于使财务工作形成短路；同时，轮岗制度可以有效培养新人和重点培养对象，为企业财务工作积蓄力量。另外，轮岗还可以有效地提升会计人员的素质，培养出一些业务能力强、数据分析能力强，对企业发展有重要作用的人。

3. 加强校企合作模式，使学校的人才能够迅速适应工作

①与学校订立用人意向，促使学校为企业培养专业化、高素质、对口的会计人才，这对于企业和学校来讲是双赢的，不但为企业解决了人才问题，同时也为学校解决了就业问题。

②制订企业财务人员的学校再培养计划，学校一直都是知识的传播基地。如果企业的财务人员能够定期到学校进行再培养，不定期参加财务课程讲座，则必然能够有效提高素质，促进企业的发展。

③组织财务人员骨干培训班。财务人员的骨干培训班是企业为自身发展培养财务人才的必经之路，也是企业发展的最终归宿。

④通过学校培养一批中高级会计职称人才，为企业的会计发展作出贡献。

（三）个人层面：加强信息技术学习

1. 具备网络技术业务处理能力

随着我国会计信息化的不断发展，会计从业人员必须迅速提升自身的业务处理能力，这是一名工作人员的立身之本。会计从业人员不仅要对会计的基础知识

烂熟于胸，更要对互联网技术、会计软件的使用和管理，以及网络平台的运行与维护熟练运用，向复合型人才靠拢。

2.提升自我信息研判能力

会计信息化的发展必然引起会计职务的变革，随着会计信息化的发展，会计的工作已经逐渐转变，由财务信息的处理和提供，逐渐转向了对财务数据分析和参与企业决策。财务信息的录入不再是最重要的，而对企业发展的决策预测和在企业决策执行过程中的成本控制变得尤为重要。所以，会计从业人员应具备敏锐的行业判断能力和市场分析能力。

3.要有保障会计信息安全的能力

随着互联网、移动设备、云计算和社交媒体等新技术、新载体的大量运用，会计信息系统将面临被外部攻击的风险。所以，会计从业人员必须强化保障会计信息安全的能力，有效防范会计数据被截取、篡改、损坏、丢失、泄漏等风险。

# 参考文献

[1] 熊细银，熊晴海. 网络财务管理 [M]. 北京：北京大学出版社，2012.

[2] 秦选龙. 大数据下的管理会计变革 [M]. 北京：中国纺织出版社，2022.

[3] 葛家澍. 财务会计理论研究 [M]. 厦门：厦门大学出版社，2006.

[4] 张瑞君. 网络环境下的会计实时控制 [M]. 北京：中国人民大学出版社，2004.

[5] 邢菁. 互联网+时代财务会计的实践与创新研究 [M]. 北京：中国商业出版社，2021.

[6] 刘春姣. 互联网时代的企业财务会计实践发展研究 [M]. 成都：电子科技大学出版社，2019.

[7] 姜小花，崔改，刘玉松. 互联网时代的企业财务会计实践发展研究 [M]. 北京：中国商业出版社，2022.

[8] 王婷. "互联网+"时代企业财务会计与管理新动向研究 [M]. 北京：中国商务出版社，2019.

[9] 杜丽，吴霞云. 高级财务会计 [M]. 北京：北京理工大学出版社，2020.

[10] 席燕玲. "互联网+"时代的财务管理与财务行为 [M]. 湘潭：湘潭大学出版社，2020.

[11] 周守亮，唐大鹏. 智能化时代会计教育的转型与发展 [J]. 会计研究，2019（12）：92-94.

[12] 朱秀梅. 大数据、云会计下的企业全面预算管理研究 [J]. 会计之友，2018（8）：96-99.

[13] 胡绍学. 大数据时代我国企业财务共享中心的优化 [J]. 财政监督，2018（1）：94-99.

[14] 楼青峰. 浅谈大数据背景下财务会计向管理会计转型 [J]. 财会学习，2017（9）：100，102.

[15] 陈潇怡，李颖．大数据时代企业集团财务共享服务的创建 [J]．财会月刊，2017（4）：17-21．

[16] 程平，赵敬兰．大数据时代基于云会计的财务共享中心绩效管理 [J]．会计之友，2017（4）：130-133．

[17] 郑伟，张立民，杨莉．试析大数据环境下的数据式审计模式 [J]．审计研究，2016（4）：20-27．

[18] 隋玉明．大数据时代集团财务共享问题探讨 [J]．财会月刊，2014（9）：14-16．

[19] 程平，万家盛．大数据时代财务共享服务中心云平台的构建及其应用 [J]．商业会计，2015（15）：20-22，85．

[20] 汤谷良，张守文．大数据背景下企业财务管理的挑战与变革 [J]．财务研究，2015（1）：59-64．

[21] 蒋婕英．智能时代财务人员转型与绩效评价研究 [D]．上海：上海财经大学，2022．

[22] 王慧娟．基于云计算的会计大数据分析平台构建研究 [D]．太原：山西财经大学，2015．

[23] 孙蕊．会计重要性原则及其应用问题研究 [D]．武汉：中南财经政法大学，2019．

[24] 于晓阳．大数据时代会计信息重构研究：动因、范式与路径 [D]．北京：首都经济贸易大学，2019．

[25] 张冰．ZX通讯公司财务共享服务实施效果及其评价 [D]．福州：福建农林大学，2019．

[26] 李春霞．互联网对财务部门组织结构的影响 [D]．北京：对外经济贸易大学，2017．

[27] 郑济孝．企业会计信息真实性评估模型研究 [D]．北京：中国财政科学研究院，2017．

[28] 祖林海．大数据在史丹利公司财务管理转型中的应用研究 [D]．上海：上海交通大学，2017．

[29] 浦晨怡．互联网金融企业会计模式构造研究 [D]．南京：南京农业大学，2017．

[30] 刘欢．大数据环境下企业财务评价的研究 [D]．武汉：武汉理工大学，2016．